DOUTES DE Mr. BERNIER SUR QUELQUES-UNS DES principaux Chapitres de son Abregé de la Philosophie de GASSEND

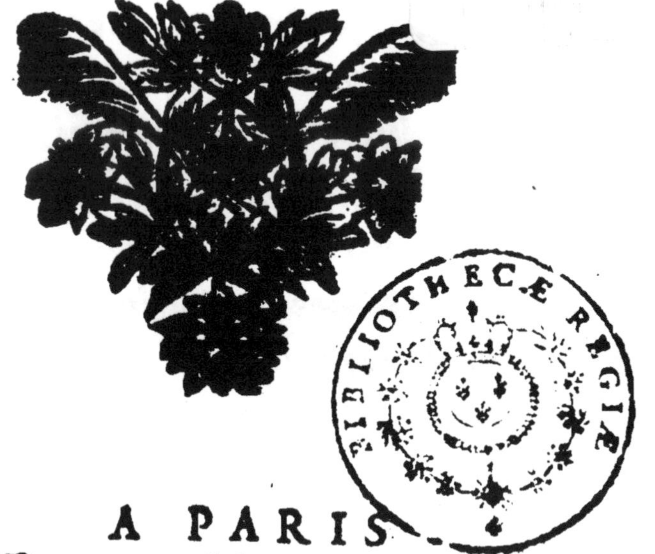

A PARIS,
Chez ESTIENNE MICHALLET, ruë S. Jacques à l'Image S. Paul.

Avec Privilege du Roy.
1682.

AU LECTEUR.

REpassant sur mon Abregé de la Philosophie de Gassendi, pour le mettre en Latin en faveur des Professeurs, & des Etrangers; il m'est survenu quelques Doutes que j'ay crû devoir avant toutes choses proposer aux Sçavans, pour en avoir leurs sentimens. Ces Doutes sont, non pas sur le fond de cette Philosophie; car je ne crois pas qu'on puisse raisonnablement philosopher sur un autre Systeme que celuy des Atomes, & du Vuide; mais sur de certaines matieres qui ne laissent pas d'estre fort considerables, telles que sont l'Espace; le Lieu; le Mouvement; le Temps;

d'Eternité, & quelques autres. Au reste, que ces Doutes soient bien, ou mal fondez, vous en jugerez: Ce petit Livre vous servira toujours à deux choses, l'une à vous faire voir la pauvreté de toutes nos Philosophies: Il y a plus de trente ans que je philosophe, tres-persuadé de certaines choses, & voilà cependant que je commence à en douter; l'autre à donner comme une idée generale de la Philosophie de Gassendi, laquelle aprés tout me semble la plus raisonnable de toutes, la plus simple, la plus sensible, & la plus aisée.

DE L'ESPACE

LA premiere chose que doit faire celuy qui entreprend de philosopher ou de s'apliquer à connoitre la Nature, c'est de se representer un Espace infiniment étendu de toutes parts en longueur, en largeur, & en profondeur : & de considerer cet Espace comme le lieu general de tout ce qui a esté produit, & comme la table d'attente des autres productions que Dieu peut tirer de sa Toute-puissance. GASSENDI.

C'a esté la pensée de Democrite, d Epicure, de Lucrece, de Nemesius, de tous les Theologiens qui admettent au delà du Monde des Espaces que l'on appelle ordinairement Imaginaires, dans lesquels la Substance Divine soit comme répanduë, & où Dieu puisse creér une infinité d'autres Mondes, & enfin de S. Augustin, lors qu'il dit, *Qu'il faut concevoir au delà du Monde des Espaces infinis, dans lesquels si quelqu'un soûtient que le Toutpuissant n'a pû s'occuper, il s'ensuivra,* &c. *Oseront-ils dire*, ajoûte-t'il, *que la Substance Divine qu'ils confessent estre toute entiere par tout par sa presence incorporelle, soit absente de ces grands Espaces qui sont au delà du Monde, qui n'est qu'un poinct en comparaison de cette infinité? Ie ne crois pas qu'ils se laissent aller à de si vains discours.*

Ce qui oblige à former cette grande & ample idée, c'est la nature mesme de l'Espace, à qui l'on ne sçauroit donner de fin : Car poussez vostre imagination autant loin qu'il vous plaira au delà des limites de ce Monde, vous ne l'aurez jamais portée si loin, que vous ne trouviez toûjours à la porter encore plus loin. Supposons mesme, si vous voulez, que quelqu'un fust à l'extremité de l'Espace, *Est-ce que cet homme*, dit Architas, *ne pourroit pas étendre le bras, ou alonger un baston ? S'il le pouvoit, ce ne seroit donc pas l'extremité comme on suppose, mais il y auroit du lieu au delà ; or qu'il ne puisse pas étendre le bras, c'est ce qui paroist absurde ; car qu'est-ce qui l'en pourroit empêcher?* Lucrece fait la mesme demande d'un homme qui de cette pretenduë extremité auroit decoché une fleche. Cette fleche, dit-il, ou elle passeroit plus avant, ou elle seroit arrêtée? Si vous dites qu'elle passeroit, ce n'auroit donc pas esté la fin de l'Espace, ce qui est contre la Supposition; si vous dites qu'elle seroit arrestée, ce qui l'arresteroit auroit donc esté au delà de la fin de l'Espace, ce qui repugne.

An validis utrum contortum viribus ire
Quò fuerit missum mavis, longeque volare?
An prohibere aliquid censes, obstareque posse?
Alterutrum fatearis enim, sumasque necesse est.
Ast sive est aliquid quod prohibeat, officiatque

Quominus quò missum'st veniat, finique locet se,
Sive foras fertur, non est ea fini profectò.
Hoc pacto sequar, atque oras ubicunque locâris
Extremas, quæram quid telo denique fiat?
Fiet uti nunquam possit consistere finis.

Aprés ce que nous venons d'avancer, il est comme évident qu'il faut d'abord distinguer deux sortes d'Etenduë, ou de dimension, l'une Corporelle, ou materielle, & impenetrable, qui soit attribuée à tous les corps ; l'autre Incorporelle, & penetrable, qui convienne uniquement à l'Espace, & soit pour cela appellée Spaciale, & locale: La Corporelle sera, par exemple, la longueur, la largeur, & la profondeur d'une eau contenuë dans quelque vaisseau; la Spaciale, la longueur, la largeur, & la profondeur que nous concevons rester entre les costez du mesme vaisseau, si l'eau en est ostée, & tout autre corps exclus.

Mais considerons la chose où il n'y ait point de corps, & supposons que Dieu par sa puissance tire d'une chambre tout l'air qui y est contenu, empeschant qu'aucun corps ne succede en sa place, & que les murailles ne se brisent, & ne s'approchent les unes des autres. Ou plûtost, pour prendre quelque capacité plus grande que celle d'une chambre, representons-nous le Ciel de la Lune tel qu'on se le figure ordinairement, & concevons en méme temps que toute la masse des Elemens d'Aristote soit de telle sorte détruite & reduite au neant, que rien ne succede en sa place. Je vous prie, cette reduction étant faite, ne concevons-nous pas encore entre la superficie concave du Ciel de la Lune la mesme region qui y étoit, mais presentement vuide d'Elemens, & de tout corps? Et n'est-il pas vray qu'ayant marqué un poinct dans ce Ciel, nous concevons que de ce poinct au poinct opposé il y a un certain intervalle, une certaine distance? Cette distance n'est-elle pas une espece de longueur, à sçavoir une ligne incorporelle, & invisible, qui est le diametre de la region, & au milieu de laquelle il y a un poinct qui est le centre de cette region

& du Ciel, & qui auparavant étoit le centre de la Terre ? Ne concevons-nous pas ensuite combien la Terre, combien l'Eau, & combien l'Air occupoient de cette region? Ne reste-t'il donc pas là par consequent des dimensions de longueur, de largeur, & de profondeur que nous imaginons fort bien; d'autant plus qu'on les peut mesurer? Or ce sont là ces dimensions que nous appellons Incorporelles, & Spaciales.

Au reste, tout ce que nous venons de dire semble nous donner à entendre trois choses. L'une, qu'avant que Dieu créast le Monde, les Espaces estoient immenses; qu'ils demeureroient les mesmes si Dieu détruisoit le Monde; & que Dieu de sa pure volonté

volonté en a choisi cette region determinée où il a creé le Monde, laissant le reste vuide.

L'autre, que ces Espaces sont absolument Immobiles. Car que Dieu tire le Monde du lieu où il est, l'Espace ne suivra pas pour cela, & ne sera pas meu avec le Monde, mais le seul Monde sera meu ; à sçavoir d'un certain Espace immobile, à un autre qui sera de mesme immobile; ce qui arrive de la mesme maniere à l'égard de quelque partie du Monde que ce soit, lors qu'elle sort de son lieu.

La troisieme, que les dimensions Spaciales sont Incorporelles, & qu'ainsi elles se penetrent sans repugnance avec les Corporelles; en sorte que quelque part que soit un corps, il occupe une partie d'Espace qui luy est égale ; d'où nous devons comprendre que par tout où l'on pourra designer des dimensions Corporelles il y en aura d'Incorporelles qui leur répondront.

Cependant, lorsque nous disons, ou que l'Intervalle est incorporel, ou que les dimensions sont incorporelles, il n'est que trop évident, sans qu'il soit necessaire de le dire, que ce genre d'Incorporel est autre que celuy qui est une espece de Substance, & qui convient à Dieu, aux Intelligences, & à l'Entendement humain. Car dans ces derniers le mot d'Incorporel ne dit pas simplement une negation de dimensions corporelles, mais il dit de plus une vraye, & effective Substance, une vraye & effective nature qui a ses facultez, & ses actions; au lieu qu'à l'égard de l'Espace, & de ses dimensions, le mot d'Incorporel ne dit qu'une negation de corps, ou de dimensions corporelles, & n'ont point outre cela une nature positive qui ait ses facultez, ou ses actions; l'Espace ne pouvant ni agir, ni patir; mais ayant seulement une non-repugnance à laisser passer les corps au travers de soy; & à se laisser occuper.

Aussi est-ce par là que l'on doit oster le scrupule qui pourroit naistre, de ce que l'on infere que l'Espace, selon la description que nous en venons de faire, est increé, & independant de Dieu, & qu'estant dit estre *quelque chose*, il semble qu'il s'ensuive que Dieu ne seroit donc pas l'Autheur de toutes choses. Car il est constant que par le mot d'Espace nous n'entendons autre chose que ce que l'on appelle vulgairement les Espaces Imaginaires, c'est à dire ces Espaces que la pluspart des Theologiens admettent au delà du Monde, & qu'ils ne disent pas estre Imaginaires, parce qu'ils soient purement dependans de l'Imagination comme une Chymere; puisque selon eux ils sont effectivement avant toute operation de l'Entendement, & qu'ils existent soit qu'on y pense, ou qu'on n'y pense pas; mais ils sont dits Imaginaires, parce que nous imaginons leurs dimensions à la maniere des corporelles qui tombent sous les Sens: Et ils ne croyent pas qu'il y ait aucun inconvenient à dire que ces Espaces soient increéz, & independans; parce qu'ils ne sont rien de positif, c'est à dire ni Substance, ni Accident; ces deux termes comprenant tout ce que Dieu a produit.

Car nous sommes bien éloignez de l'opinion de quelques Modernes, qui ne reconnoissant point d'autre Etenduë que la Corporelle, ou materielle, & soûtenant que le Vuide, ou l'étenduë purement Spaciale implique contradiction, comme il implique qu'une Montagne soit sans Vallée, se trouvent obligez de soûtenir que le Monde est infiny, de crainte qu'au delà de ses limites il n'y eust du Vuide; que le Monde est éternel, de crainte qu'avant sa production il n'y euſt eu des Eſpaces vuides, & pour la meſme raiſon, que Dieu ne ſçauroit reduire au neant la moindre partie du Monde ; ce qui eſt le même que reconnoître une nature poſitive, & capable d'agir, eſtre infinie, éternelle, & independante de Dieu. Inconveniens qui ne ſe trouvent point dans noſtre Hypotheſe, qui tient que l'étenduë Spaciale n'eſt point une nature poſitive, & capable d'action aucune, mais une pure Capacité à recevoir les Corps.

Mais pour ne nous arreſter pas à cecy, ces meſmes Modernes qui ſuivant Ariſtote ne reconnoiſſent point d'Etenduë que de Corporelle, tombent dans cet autre inconvenient, qui eſt d'aſſurer qu'entre les murailles de la chambre, ou les costez du Ciel de la Lune il n'y auroit aucune distance, & si vous leur dites que ces murailles se toucheroient donc mutuellement, ils l'avouënt sans hesiter ; que si vous leur demandez la raison d'un tel Paradoxe, ils répondent qu'il faut que ces choses-là se touchent entre lesquelles il n'y a rien.

Mais il est évident qu'on ne tombe ainsi dans ces embarras, qu'à cause de la preoccupation dont on est imbu dans les Ecoles, lorsque l'on enseigne que tout Estre, toute chose est ou Substance, ou Accident, & que tout ce qui n'est ni Substance, ni Accident est non-Estre, non-chose, ou rien. Car il faut avouër qu'outre la Substance, & l'Accident, le Lieu, ou l'Espace, & comme nous dirons ensuite, le Temps, ou la Durée sont de *vrays Estres*, ou de *vrayes Choses*, à sçavoir de vrays Estres, ou de vrayes Choses à leur maniere; comme estant deux genres d'Estres absolument distincts des autres; & le Lieu, ainsi que le Temps, ne pouvant non plus estre ou Substance, ou Accident, que la Substance, & l'Accident estre Lieu, ou Temps. Et c'est conformement à cecy que Seneque enseigne, *Que le Vuide & le Temps sont des Estres à leur maniere, & differens de tous les autres*; & Nemesius, *Que tout corps est veritablement doüé de triple dimension, mais que tout ce qui a triple dimension n'est pas corps, tels que sont l'Espace, le Lieu, les Estres incorporels.*

Cela estant, lorsque selon la Supposition precedente, l'on objecte qu'entre les costez du Ciel de la Lune il n'y a rien; il faut répondre qu'il n'y a rien de corporel, rien de ce qu'on a coûtume d'entendre par Substance, & Accident; mais qu'il y a neanmoins quelque chose, tel qu'est le Lieu, ou ce que l'on entend par Espace, intervalle, distance, dimension.

Il y en a qui pour se débarasser tout d'un coup des inconveniens que nous venons de toucher, nient absolument que la supposition du Ciel de la Lune, & des Elemens aneantis dans sa concavité, ou celle d'une chambre d'où on ait tiré l'air, soient possibles. Comme si Dieu n'estoit pas assez puissant pour reduire au neant une partie de ce qu'il a creé, & conserver l'autre! Comme s'il estoit impossible de disposer des pierres en forme d'une chambre quarrée, ou d'une voute concave de la façon qu'on s'imagine le Ciel de la Lune, à moins que l'on y mette de l'air, ou quelque autre Substance de la sorte, qui remplisse parfaitement la capacité? Comme s'il estoit impossible de faire un amas de globes sans qu'il y ait de l'air, de l'eau, ou quelque autre corps entre-deux qui remplisse les interstices? En un mot, *comme si l'existence d'un corps dependoit de l'existence d'un autre?*

Le Vuide, disent-ils, ne se conçoit point. Il est vray que le Vuide, ainsi que le Rien, ainsi que les tenebres, ne se conçoit point positivement, c'est à dire par une idée positive ; mais comme personne ne nie que les tenebres ne se conçoivent negativement, ou plûtost exclusivement ; comme lors qu'on dit, il n'y a point de lumiere dans l'air, ainsi on ne doit pas nier que le Vuide, ou une capacité vuide ne se puisse concevoir exclusivement, ou en excluant tout corps de quelque endroit ; comme lors qu'ayant supposé qu'on ait tiré l'air d'une chambre, nous disons que la chambre est vuide, ou, ce qui revient au mesme, qu'il n'y a rien dans la chambre.

Ils pressent specialement à l'égard de l'Espace, ou de l'Etenduë qu'ils pretendent ne pouvoir aucunement estre conceuë sans corps. Mais je vous prie, est-ce que cet air invisible dont une chambre est remplie fait quelque chose pour concevoir l'étenduë de la chambre ? Est-ce que lors que quelqu'un entre dans une chambre, sans songer à l'air qui est dedans, il n'imagine pas, ou ne se represente pas dans son Esprit les dimensions de cette chambre ? Est-ce qu'il ne dit pas, & qu'il ne conçoit pas tres-bien que cette chambre a quinze pieds de longueur, & que d'une muraille à l'autre il peut tenir une perche ni plus, ni moins longue ? Assurement, comme ce n'est point l'air qui fait que d'une muraille à l'autre il y a une telle distance, une telle longueur, une telle étenduë, ce n'est point aussi l'air qui fait que nous concevons cette distance, cette longueur, cette étenduë.

QVE L'ESPACE SEMBLE *estre un pur Rien.*

LA premiere raiſon de cecy est, qu'on ne ſçauroit que difficilement admettre un Eſtre, autre que Dieu, qui ſoit éternel, incorporel immenſe, independant, indeſtructible, s'il eſt permis de ſe ſervir de ce terme, penetrable, & immobile, qui ſont cependant les proprietez qu'on attribuë à l'Eſpace. DOUTE.

La ſeconde, qu'il ne ſemble pas qu'on puiſſe raiſonnablement ſoûtenir que l'Eſpace ſoit incorporel, & qu'il ait neanmoins des parties, à ſçavoir des parties fixes, & immobiles, d'où comme nous verrons dans le Chapitre ſuivant, l'immobilité du Lieu soit prise; car y a-t'il rien qui semble davantage repugner, qu'être incorporel, & avoir des parties?

La troisiéme, qu'un Physicien ne doit point admettre un Estre incorporel, & penetrable, qu'il ne voit point, qu'il ne touche point, qui ne tombe point sous les Sens, & dont il n'a par consequent point d'idée vraye & legitime; qu'un Physicien, dis-je, ne doit point admettre un Estre de la sorte, qu'y estant porté par des raisons tres-puissantes, telles que sont celles qui nous obligent à reconnoitre que Dieu, les Anges, & l'Ame Raisonnable sont des Estres incorporels.

La quatriéme, que lorsque l'on entre dans une chambre sans penser à l'air, & que l'on n'apperçoit que les quatre murailles, & les plancher ; ou lors que l'on suppose une chambre estre vuide, l'on est naturellement porté à dire, & à s'imaginer qu'il n'y a rien, ou qu'il n'y a aucun Estre soit corporel, soit incorporel, & mesme que parce qu'il n'y a rien, il est d'autant plus aisé d'y mettre quelque chose.

Mais n'est-il pas vray, dira-t'on, qu'entre les murailles d'une chambre vuide il y a une certaine distance? Si par distance vous entendez une certaine ligne, ou longueur Spaciale, invisible, & incorporelle, qui fasse que les murailles soient distantes entre elles ; je tiens que c'est une fiction : Pour que deux corps soient distans, il n'est pas besoin qu'il y ait effectivement rien soit de corporel, soit d'incorporel entre-d'eux, mais il suffit qu'on y puisse mettre quelque chose, mais il suffit qu'ils ne soient pas contigus, ou, ce qui est de soy clair, & évident, comme nous dirons aprés, qu'ils ne se touchent pas. Il en est de la Distance comme de l'Egalité, ce sont des termes abstraits, qui comme tous les autres de cette sorte, nous portent à l'erreur, si nous conçevons quelque chose d'abstrait, ou de separé du concret. Par exemple, lors qu'on dit qu'il y a de l'egalité entre deux corps, si nous concevons qu'il y ait quelque chose, quelque Entité qui fasse que ces corps soient égaux, c'est une Chimere, & c'est autant que de concevoir les tenebres comme une noirceur. Car y avoir de l'égalité entre deux corps ne signifie autre chose, sinon deux corps estre égaux, ou n'estre ni plus longs, ni plus larges l'un que l'autre; ce qui se conçoit tres-bien sans que l'on conçoive aucune Entité entre-deux. Ainsi lors qu'on dit qu'il y a de la distance entre deux corps, si nous concevons qu'entre ces corps il y ait quelque chose, quelque Entité, quelque longueur Spaciale qui fasse que ces deux corps soient éloignez l'un de l'autre, c'est une pareille chimere; & y avoir de la distance entre deux corps, n'est autre chose que deux corps estre distans; ou si vous voulez, que deux corps ne se toucher pas, ce qui se conçoit aussi tres-clairement ſans concevoir quelque choſe, ſans concevoir quelque longueur entre-deux, de quelque nature qu'elle puiſſe eſtre.

Cependant, dira-t'on, l'on meſure la diſtance qu'il y a entre les murailles de cette meſme chambre vuide. Je répons que ſi par meſurer la diſtance vous entendez meſurer cette prétenduë ligne, ou longueur Spaciale, & incorporelle, c'eſt la meſme fiction; & je ſoûtiens que meſurer cette diſtance n'eſt autre choſe que ſe ſervir d'une meſure connuë, d'une corde par exemple, d'un pied, ou d'une toiſe, pour ſçavoir au juſte la longueur du corps qu'on veut mettre, ou qui pourroit tenir entre les murailles. Le meſme ſe doit dire de la largeur, & de la profondeur, car l'on ne mesure point aussi de largeur, ni de profondeur Spaciale, & incorporelle, l'on n'y pense seulement pas, & à mon avis, il n'y a jamais eu que les Philosophes qui à force de subtiliser y ayent pensé, & en ayent fait un Estre; mais l'on experimente simplement par le moyen d'une mesure connuë, comme j'ay dit, de quelle longueur, de quelle largeur, & de quelle profondeur devroit estre un corps pour remplir toute la chambre, ou, si vous voulez, l'on applique mentalement une mesure connuë au corps que la chambre pourroit contenir.

Du moins ne sçauriez vous nier qu'entre les murailles, & les planchers de la chambre il n'y ait une Capacité à recevoir des corps ? La mesme Reponse revient toûjours ; car si par Capacité vous entendez une étenduë Spaciale, & incorporelle, longue, large, & profonde ; je soûtiens toûjours de mesme, que c'est une pure fiction, qu'il n'y a ni long, ni large, ni profond incorporel, & par consequent ni longueur, ni largeur, ni profondeur incorporelle, & que par Capacité l'on ne doit entendre autre chose, sinon qu'entre les murailles, & les planchers l'on peut mettre des corps, ou que la chambre à raison de ses murs, & de ses planchers distans les uns des autres, est capable de contenir des corps. Et ne dites point que l'on y peut mettre des corps parce qu'il y a une Capacité ; car à proprement parler, c'est parce qu'il n'y a rien que l'on y peut mettre des corps. L'on fait encore quelques autres difficultez, mais nous y repondrons plus commodement dans le Chapitre suivant.

DU LIEU.

POur en venir maintenant à la nature du Lieu, qui a donné occasion à tout ce qui a esté dit de l'Espace; le Lieu semble estre, non *la surface premiere*, ou immediate *du corps environnant*, comme Aristote l'a defini, mais *l'Espace que la chose placée occupe*. Car il faut remarquer que ce n'est pas sans raison qu'Aristote mesme tient que le Lieu doit estre Immobile; par- GASSENDI.

ce que si le Lieu estoit mobile, en sorte qu'il pust ou suivre la chose placée lors qu'elle se mouvroit, ou la laisser lors qu'elle seroit immobile, il arriveroit que quelque chose se mouvroit sans toutefois changer de Lieu; & de mesme que quelque chose changeroit de Lieu, & neanmoins demeureroit immobile, ce qui est manifestement absurde. Or cette Immobilité convient veritablement à l'Espace, comme nous avons dit; puis qu'il est vray que l'espace qu'une Tour par exemple occupe, estoit là avant que la Tour fust bastie, & que si on la détruisoit, ou qu'on la transportast ailleurs, le mesme espace demeureroit immobile. Mais pour ce qui est de cette surface du corps environnant, il est évident qu'elle n'est point immobile, & l'on sçait comme au moindre Vent non seulement la surface de l'air se meut, mais que tout l'air qui de loin environne la Tour passe & coule continuellement.

L'on ne sçauroit dire ce que les Sectateurs d'Aristote n inventent point pour arrester cette fuyante surface. Car les uns tiennentqu'équivalemment c'est toûjours la mesme, les autres ont recours ou au Pole, ou au Centre, ou à d'autres poincts immobiles, afin que la mesme distance à l'égard de ces poincts étant toûjours gardée, ils puissent inferer que c'est le mesme Lieu; enfin ceux-cy feignent une chose, & ceux-là une autre: Mais nous ne devons point perdre nostre temps à refuter des choses que les Aristoteliciens detruisent assez eux-mesmes, lors qu'ils se combattent les uns les autres; d'autant plus qu'en un mot il est evident que la Tour demeure toujours dans le mesme lieu absolument, & non pas seulement équivalemment.

D'ailleurs c'est par l'Espace, & non pas par la surface du corps environnant, qu'on satisfait aux principales demandes qui se font à l'égard du Lieu. Car si l'on demande par exemple, pourquoy une chose est dite demeurer toûjours dans le mesme lieu, quoy que le corps qui environne change; pourquoy elle est dite changer de lieu, quoy que le corps qui environne suive; pourquoy s'éloigner d'un lieu, ou s'approcher

procher d'un nouveau lieu pourquoy estre ou plus, ou moins, ou autant éloignée d'un autre lieu? il est évident que tout cela se conçoit d'abord en admettant l'Espace, & qu'on a la réponse en main; en ce que toute la mobilité regarde la chose placée, au lieu que les espaces demeurent immobiles.

L'on entend aussi de là pourquoy, ou comment le Lieu est dit commensurable, égal, proportionné au corps placé, *Locus est commensuratus locato*; car à prendre l'Espace selon toutes ses dimensions, il est aussi grand que le corps placé; d'où vient qu'il le comprend parfaitement, & intimement, & non pas seulement exterieurement; de telle sorte que tout l'Espace répond à tout le corps, & chacune de ses parties à chaque partie du corps; ce qui ne se peut assurement point dire de la surface du corps qui environne.

Enfin, pour ajoûter cecy; comment pensez-vous que le dernier Ciel, ou le Premier-Mobile d'Aristote soit dans le Lieu? Admirable necessité, qui a contraint ce Philosophe à dire que le dernier Ciel, parce qu'il n'a point de corps qui l'environne, n'est en aucun lieu! L'on sçait les peines que se donnent les Interpretes pour effacer cette tache; mais voyez cependant leurs belles fictions? Il y en a qui disent que le dernier Ciel a pour Lieu le Centre du Monde; d'autres la surface du Ciel inferieur; & d'autres sa propre surface exterieure qui est comme sa propre peau : En un mot, c'est une chose merveilleuse de voir à quel poinct ils se trouvent reduits, lors que ne voulant pas abandonner la surface, ils sont contraints de ne donner point de lieu au Corps le plus noble, & le plus ample qui soit dans la Nature. Voilà la maniere dont nostre Autheur raisonne sur la nature du Lieu ; voyons maintenant en peu de mots s'il ne resteroit point quelque scrupule.

QUE LE LIEU N'EST point l'Espace, & n'est point Immobile.

LE Lieu me semble estre si clairement, & si generalement connu soit des enfans, soit des hommes faits, soit des be- DOUTE.

ſtes meſmes, que j'ay bien de la peine à croire, que pour en avoir la veritable idée, il faille avoir recours à l'Eſpace; c'eſt-à-dire à un Eſtre eternel, incorporel, immobile, & infiniment étendu de toutes parts; à un Eſtre, dis-je, qui ne tombe nullement ſous les Sens, & qui ſemble ſurpaſſer nôtre intelligence, & je croirois bien plus volontiers ſans tant ſubtiliſer, que le Lieu ne ſeroit autre choſe que la ſurface d'un corps environnant ſoit immediate, comme l'air à l'égard d'une Tour, l'eau à l'égard d'un Poiſſon, une Eguiere à l'égard de l'eau; ſoit mediate, comme une chambre à l'égard d'un lict, ou d'un homme, un cofre à l'égard de l'or qui eſt dedans, une place à l'égard d'une Statuë, &

ainſi du reſte; de telle ſorte qu'un corps eſtre placé en un tel lieu, ne ſoit autre choſe qu'une denomination extrinſeque priſe d'une telle ſurface qui l'environne, d'une telle chambre, d'un tel cofre, d'une telle place, &c. comme eſtre, ou demeurer dans le meſme lieu, n'eſt autre choſe que d'eſtre environné de la meſme ſuperficie, eſtre dans la meſme chambre, dans la meſme place, ou meſme demeurer vis-à-vis, à une telle diſtance d'une meſme choſe qui ſoit effectivement immobile, ou ſoit cenſée telle. Je ſçay bien que ſelon cette penſée on objectera d'abord qu'un corps qui ſeroit dans un pur vuide, tel qu'eſt celuy qu'on imagine d'ordinaire au delà du Monde, ne ſeroit donc en aucun lieu. Mais comme on ſuppoſe qu'au delà du Monde, ou au delà du dernier Ciel il n'y a rien, ou rien que le pur Vuide; je ne vois pas quel mal, ou quel inconvenient il y ait à dire que ce corps là ne ſeroit en aucun lieu. Il n'y a rien, dit-on, de plus ridicule; mais c'eſt là la queſtion, & Ariſtote a ſi peu crû la choſe ridicule, que dans la ſuppoſition qu'on fait, il a dit ſans heſiter que le dernier Ciel ne ſeroit en aucun lieu. Ce corps, direz-vous, ne ſeroit nulle part, ce que perſonne n'admettra. Je répons que ſi par eſtre nulle part, vous entendez que ce ſoit n'eſtre point dans la Nature, vous avez raiſon de dire que perſonne n'admettra que ce corps ſoit nulle part; mais ſi vous voulez que ce ſoit n'eſtre en aucun lieu, Ariſtote admettra volontiers en ce ſens-là qu'il n'eſt nulle part. Cependant il ſeroit là, & non pas là. Je répons encore en diſtinguant de meſme, que ſi par eſtre là, & non pas là, vous entendez que ce ſoit eſtre mis par une deſignation mentale dans un lieu purement imaginaire; ou ſi vous voulez que ce ſoit ſimplement exiſter dans la Nature, ou meſme eſtre hors de quelque autre corps, & ne le penetrer pas, ou eſtre à une telle diſtance de luy, ou vis-à-vis, ou au deſſus, ou au deſſous, &c. comme nous faiſons d'ordinaire quand nous concevons, ou que nous diſons qu'une choſe eſt là, & non pas là, ou qu'une choſe eſt toûjours dans ſon meſme lieu; il ſeroit vray de dire qu'un corps dans le pur vuide seroit là, &non pas là, qu'il seroit en quelque part, qu'il seroit en quelque endroit, ou qu'il ne seroit pas dans la place de celuy-là. Mais si par estre là, & non pas là, & & generalement par estre quelque part, vous pretendez que ce soit estre en quelque lieu reel, & effectif, ou répondre à une certaine partie fixe, & immobile d'un certain Estre éternel, incorporel, penetrable, doüé de parties, &c. je tiens qu'il est faux de dire que ce corps soit là, & non pas là; puisque selon la supposition il n'y a rien au delà du Monde que le pur Vuide, que le pur Rien, & que ce pretendu lieu interne des choses, ce pretendu Estre éternel que je viens de dire, est purement imaginaire. Mais voicy à mon avis d'où vient l'erreur. Comme nous n'avons jamais veu de corps qui ne ſoit en quelque lieu, ou dans l'air, ou dans l'eau, ou dans la Terre, ou proche, ou loin d'un tel corps, nous ſommes tellement preoccupez, que nous ne croyons pas qu'il s'en puiſſe trouver aucun qui ne ſoit de la ſorte en quelque lieu; ſi bien que ne ſe trouvant au delà du Monde ni air, ni eau, ni terre, ni aucune autre Subſtance, puiſque nous ſuppoſons qu'il n'y a rien, nous y ſubſtituons l'Eſpace pour ſervir de lieu au corps que nous y voulons mettre; au lieu que nous devrions corriger noſtre imagination, & concevoir que le Vuide n'eſtant rien, un corps dans le Vuide ne ſeroit en aucune choſe, ou en aucun lieu.

Et certes, si ceux qui admettent l'Espace, trouvent si fort étrange qu'une chose soit, ou existe, & cependant qu'elle ne soit en aucun lieu; comment ne trouvent-ils point étrange que leur Espace dont ils font un Estre reel, & effectif, soit, & ne soit en aucun lieu? Pourquoy vouloir que tout corps pour exister depende absolument du lieu, ou ne puisse estre sans le lieu; sans le lieu, dis-je, qui n'est point sa cause productrice, & qui est une nature toute differente? Et pourquoy, s'ils veulent bien que le lieu, ou l'existence du lieu ne depende point de l'existence d'aucun corps, en sorte que le lieu puisse estre, & ne contenir point de corps; pourquoy ne vouloir pas que le corps, ou l'existence d'un corps ne depende point du lieu, en sorte qu'un corps puisse exister, & n'estre en aucun lieu ?

Quoy, le Vuide mesme n'est-ce pas un lieu, à sçavoir un lieu où il n'y a point de corps, *Locus carens corpore ?* Et ne dites-vous pas vous-mesme qu'un corps est dans le Vuide ? Je répons que le Vuide proprement est un Vuide, c'est à dire un Rien, & qu'ainsi le Vuide proprement n'est ni Estre soit corporel, soit incorporel, ni lieu. L'on peut neanmoins dire improprement parlant, qu'une chose est dans le Vuide, comme on dit qu'une chose est dans les Tenebres, qui ne sont cependant qu'un pur Rien, qu'une privation de lumiere. Car il en est de ces termes

Vuide, Rien, comme du mot *Tenebres*, quoy qu'ils ſoient affirmatifs, & poſitiſs en apparence, neanmoins ils ne ſont en effet, & dans leur propre ſignification que negatifs, ne ſignifiant autre choſe que privation, ou excluſion de corps; de ſorte que lors qu'on dit qu'un corps eſt dans le Vuide, c'eſt autant, & ni plus, ni moins que ſi l'on diſoit, qu'il n'eſt en aucune choſe, qu'il eſt en nulle choſe, ou ſi l'on peut s'exprimer de certe ſorte, qu'il eſt où il n'y a rien.

Neanmoins ſi l'on entend parler des Vuides qui ſont repandus, ou qui ſe peuvent faire dans l'air, dans l'eau, & generalement dans tous les corps de la Nature, & que par Lieu l'on ne vueille entendre autre choſe qu'une qu'une certaine circonſcription, diſpoſition, ou ſurface du corps entre leſquels n'y ayant rien, l'on puiſſe mettre quelque choſe, l'on pourra en ce ſens là dire que le Vuide eſt un Lieu, ou, ſi l'on veut meſme, l'on pourra dire d'un Vuide, qu'il ſera ou petit, ou grand, ou rond, ou quarré, &c. ſelon que la ſurface des corps entre leſquels on en peut mettre d'autres, ſera figurée.

Le Lieu, diſent les Philoſophes, eſt neceſſairement Immobile. Mais pourquoy cela, je vous prie, & d'où peut-on tirer cette neceſſité ? Eſt-ce qu'un Phyſicien doit reconnoitre quelque choſe d'immobile dans la Nature ? Ouy, ajoûtent-ils, parce qu'autrement un corps pourroit changer de lieu, & ne ſe mouvoir point, comme une Tour, lors qu'il fait du Vent; ou se mouvoir, & ne changer point de lieu, comme un Poisson qui sans se remuer, ou faire aucun effort, seroit emporté au milieu de l'eau courante. Il est vray que cela pourroit arriver; mais je ne vois pas qu'il y ait en cela aucun inconvenient. L'inconuenient seroit si l'on definissoit le Mouvement, comme nos Modernes, *Vne application successive d'un corps aux parties des corps voisins*; parce qu'alors il s'ensuivroit qu'une chose immobile, comme une Tour, le Pont-neuf, un Poisson detenu & arresté au milieu de l'eau courante, se mouvroit; en ce que cette chose changeroit continuellement du lieu, ou seroit continuellement appliquée aux diverses parties de l'air, ou de l'eau qui sont les corps voisins: Et de mesme, qu'un corps en mouvement, comme un poisson qui seroit emporté par le courant de l'eau au milieu d'un glaçon, ne se mouvroit point; parce qu'il ne changeroit point de lieu, ou ne seroit pas appliqué successivement à diverses parties du corps qui l'avoisineroit, ce qui repugne, & qui est autant que si l'on disoit, qu'un corps immobile se meut, ou qu'un corps qui se meut est immobile. L'inconvenient n'est donc pas à dire, qu'une chose immobile, comme une Tour, puisse changer de lieu, ou que son lieu qui est l'air puisse changer, ni qu'une chose mobile, comme un Poisson qui eſt emporté par le courant de l'eau au milieu d'un glaçon, ne change point de lieu; mais l'inconvenient, & l'abſurdité eſt à dire, & à ſuppoſer, que changer de lieu ſoit ſe mouvoir; ce que font ceux qui definiſſent le Mouvement, une application ſucceſſive d'un corps aux parties de ceux qui l'environnent. Il eſt vray que noſtre Autheur ne tombe pas dans l'inconvenient des Modernes que je viens de dire, parce qu'en definiſſant le Mouvement un paſſage de lieu en lieu, c'eſt à dire une application ſucceſſive aux diverſes parties de l'Eſpace, il fait en même temps l'eſpace, & par conſequent ſon lieu immobile: Mais le remede me ſemble eſtre pire que le mal; puiſque pour donner l'immobilité au lieu, & pouvoir definir le Mouvement, il est obligé d'avoir recours à un Estre qui, comme j'ay déja dit plusieurs fois, n'est qu'une pure fiction, auquel l'on ne pense jamais quand on voit un corps se mouvoir, & changer de lieu, & qui n'est connu que des seuls Philosophes ? Pourquoy mesme definir le Mouvement par une chose qui luy est tout-à-fait externe.

Si faut-il bien admettre d'autres lieux que les lieux externes qui sont tous mobiles; puis qu'un corps qui se mouvroit d'un mouvement progressif dans le Vuide au delà des Cieux passeroit de lieu en lieu, & que cependant il n'y auroit aucun lieu externe. Je répons que comme dans le Vuide il n'y auroit point de lieu, un corps qui se mouvroit dans le Vuide ne passeroit pas de lieu en lieu,&que de même qu'un corps pour être,ou pour exister ne dépend point absolument du lieu, ainsi pour se mouvoir il n'en doit pas dépendre. &je soûtiens qu'en cela il n'y a aucun inconvenient, qu'il n'y a point dans la Nature d'autres lieux que les lieux externes,&sensibles que j'ay dit,&que ce pretendu Lieu interne qui ne soit autre chose que l'Espace, est une Chymere,ou purement imaginaire.

Le Mouvement du consentement de tous les Philosophes est essentiellement successif, & cependant vous ne voulez pas que ce soit le passage d'un lieu à un autre, ni l'application successive aux parties des corps voisins; dites-nous donc comment vous le fairez successif? Je répons que si par estre essentiellement successif, l'on entend qu'un corps ne puisse absolument se mouvoir qu'il ne parcoure successive-ment, & une partie aprés l'autre quelque chose, soit d'ailleurs que le Mouvement se fasse au travers des corps, de l'Air, par exemple, ou de l'Eau, soit dans le Vuide; j'estime qu'il est faux de dire que le Mouvement soit essentiellement successif, & que c'est une pure prevention fondée sur ce que nous n'avons aussi jamais veu aucun corps se mouvoir qu'au travers des corps, & que parcourant leurs parties l'une aprés l'autre; j'estime, dis-je, que cela est absolument fau en ce que n'y ayant rien dans le Vuide à parcourir soit successivement, soit autrement, rien n'y seroit parcouru successivement. Mais voicy ce qui seroit vray, & à quoy il se faut tenir; c'est que le mouvement d'un corps dans le Vuide seroit tel, que s'il y avoit quelque chose qui pust estre parcouru, par exemple une corde tenduë, ou de l'air, cette corde, ou cet air seroit successivement, & effectivement parcouru.

Mais si vous voulez ainsi rejetter toutes les definitions du Mouvement, dites-nous donc ce que c'est, & nous en donnez quelque bonne; puis qu'enfin toutes ces difficultez qui se font à l'égard du Lieu se resolvent à sçavoir ce que c'est que Mouvement.

QVE LE MOVVEMENT *ne ſe peut, ni ne ſe doit point definir.*

POur ſatisfaire en quelque façon à voſtre demande, je vous prieray de faire reflexion ſur une choſe qui m'eſt venuë en penſée à l'égard des Modes : C'eſt qu[illegible] mon avis, l'on ne doit pas ſonger à les definir, ni à les expliquer, comme eſtant inutile, ridicule, & dangereux de le vouloir faire. La raiſon de cecy eſt, que les Modes ſont l'explication meſme, comme eſtant cenſez clairs, & evidens d'eux-meſmes, & que quand on veut expliquer la nature d'une choſe, l'on apporte ſes divers modes, ou ſes diverſes manieres d'eſtre, & DOUTE l'on dit, qu'elle eſt de telle, & de telle maniere, qu'elle eſt ronde, qu'elle eſt quarrée, qu'elle eſt droite, qu'elle eſt courbe, qu'elle eſt unie, qu'elle eſt contiguë, qu'elle eſt éloignee, qu'elle eſt étenduë, & ainſi des autres Modes: d'où vient que quand on s'opiniaſtre à les vouloir definir, l'on ne fait ordinairement que des cercles, ou l'on n'apporte que des termes ſinonimes, ou equivalens, qui ne donnent pas plus de lumiere, ou cauſent méme ſouvent de l'obſcurité. Et qu'ainſi ne ſoit, quand, par exemple, l'on a dit d'un baſton, qu'il eſt droit, ou qu'il eſt courbe; d'un homme, qu'il eſt debout, ou qu'il eſt couché; de deux murailles, qu'elles ſont diſtantes, ou qu'elles ſont indiſtantes; d'un corps, qu'il est étendu; peut-on rien dire de plus clair, ou peut-on répondre autre chose, sinon qu'estre droit, c'est estre droit; estre debout, c'est estre debout; estre distant, c'est estre distant; estre étendu, c'est estre étendu: Ou en faisant un cercle, qu'être droit, c'est n'estre pas courbe; deux murailles estre distantes, c'est n'estre pas indistantes: Ou en apportant des termes équivalens, qu'estre distantes, c'est n'être pas contiguës, & puis, quen'etre pas contiguës, c'est ne se toucher pas, & ainsi de quelques autres termes qui ne sont pas plus clairs que les premiers? Tant il est vray qu'il n'y a que les Estres mesmes, que les Choses mêmes que l'on doive tâcher de definir, & d'expliquer, à cause qu'elles ſont ſouvent fort obſcures, & que les Modes, pour eſtre, ou eſtre cenſez clairs, & évidens, ne doivent, ni ne peuvent eſtre expliquez.

Or ce que je viens de dire à l'égard de tous ces Modes, ſe doit appliquer au Repos, & au Mouvement : Ce ſont des manieres d'eſtre claires, & evidentes d'elles-meſmes ; il ne faut qu'avoir les yeux ouverts pour ſçavoir ce que c'eſt, & il ne faut que ſe lever, & marcher, comme fit Diogene, pour les demontrer, & en convaincre les plus opiniaſtres ; de ſorte que je tiens que le plus ſimple Payſan en a une connoiſſance auſſi parfaite que le plus grand Philoſophe ; & par conſequent qu'il eſt inutile de les vouloir definir, ou expliquer.

Je

Je dis plus, que tous ceux qui se sont mis en peine de les definir, ou n'ont fait qu'embarasser, & obscurcir la chose, ou s'engager dans des suites de difficultez d'où il leur est impossible de se retirer. Cecy est evident premierement à l'égard d'Aristote; car je vous prie, lors qu'il definit le Mouvement, *perfecti habitio*, ou comme on l'interprete d'ordinaire, *actus Entis in potentia, prout in potentia*, l'acte d'un Estre en puissance, entant qu'il est en puissance. Peut-on rien dire de plus obscur; & peut-on appeller cela une definition, c'est à dire un discours qui explique la nature du Mouvement?

A l'égard de nos Modernes, qui n'admettant ni Vuide, ni

Espace, definissent le Mouvement, *Une application successive du mobile aux diverses parties des corps qui l'avoisinent immediatement*; il ne faut que considerer l'étrange inconvenient, où ils tombent; car selon leur definition, un Pont stable, & immobile au milieu d'une riviere, ou si vous voulez, un Poisson retenu, fixe, & immobile au milieu d'une eau courante, est en mouvement; en ce qu'il est successivement appliqué à diverses parties de l'eau qui le touchent immediatement: Et tout au contraire, un Poisson pris au milieu d'un glaçon qui est emporté entre deux eaux de Paris jusques à Roüen, est en repos, est immobile, n'est point en mouvement. Or y a-t'il rien de plus extravagant, & rien qui ſoit plus capable de rendre la Philoſophie, & les Philoſophes ridicules? Et tout cela pour vouloir definir ce qui ne ſe peut definir, & pour vouloir expliquer ce que perſonne, ſi ce n'eſt donc les Philoſophes, n'ignore, & qui eſt plus clair que toutes les explications qu'on en ſçauroit donner.

Pour ce qui eſt enfin de ceux, qui definiſſent le Mouvement, *Le paſſage d'un lieu à un autre*, c'eſt à dire une application ſucceſſive d'un mobile à diverſes parties fixes, & immobiles de l'Eſpace; il eſt vray que le Lieu eſtant pris en ce ſens-là, ils ne tombent pas dans les meſmes inconveniens que les precedens; mais quand je ſonge que pour les éviter, & pour rendre le Lieu immobile, il leur a fallu avoir recours à l'Espace, c'est à dire, pour le repeter encore une fois, à un Estre eternel, incorporel, immense, independant, & immobile; à un Estre qui estant incorporel, ait des parties, à sçavoir des parties fixes, & immobiles; à un Estre qui subsiste par soy, & qui ne soit pas Substance; à un Estre qui ne soit nulle part, & qui soit par tout; en verité j'ay de la peine à croire que nostre Autheur ait tout de bon donné dans cette Opinion; je croirois plûtost qu'il n'auroit crû cet Estre qu'imaginaire, mais toutefois commode pour expliquer l'immobilité du Lieu dont il pouvoit estre prevenu, comme la plûpart des Anciens.

Ajoûtons que ceux qui se

mettent si fort en peine de definir le Mouvement, devroient donc aussi se mettre en peine de definir le Repos; puisque le Repos est un Mode du corps, comme le Mouvement; ou que s'ils disent que le Repos est evident de soy, qu'ils disent donc aussi que le Mouvement est evident de soy; ce qui seroit d'autant plus plausible, qu'il est constant que l'on connoist aussi parfaitement qu'un homme marche, que l'on connoît parfaitement qu'il est assis.

Je dis plus, que non seulement il est inutile, & ridicule de vouloir donner des definitions du Mouvement, pour les raisons que j'ay apportées; mais qu'il est mesme tres-dangereux de le faire; parce que comme les definitions ne doivent estre qu'à l'égard des Choses; la definition estant un discours qui explique la nature de la chose ; il arrive que lors que l'on entend la definition d'un Mode , l'Esprit se porte incontinent à prendre ce qui est definy pour une veritable chose; ce qui fait une erreur tres-considerable dans la Philosophie. Et cela est si vray, que pour peu qu'on prenne garde aux manieres de parler dont les Philosophes se servent en traittant de la Rencontre , & de la Percussion des corps , l'on reconnoît incontinent qu'ils conçoivent le Mouvement comme une chose, & qu'ils en parlent comme ils feroient d'un veritable Estre , ou d'une veritable Substance , qui seroit divisible, & qui pourroit être transmise d'un mobile à l'autre ou entierement, ou en partie; il ne faut pour cela que les entendre discourir. Lorsqu'une Boule, disent-ils, roule sur un Billar, elle en peut rencontrer, & choquer une autre en tant de manieres, que tantost elle luy transmette tout son mouvement, en sorte que le perdant tout, elle s'arrête tout court, & que tantost elle ne luy en communique que la moitié, ou les trois quarts, ou quelques degrez seulement, se reservant le reste pour sa provision; Or à les entendre parler de la sorte, ne diriez-vous pas qu'ils conçoivent le Mouvement comme quelque chose, comme quelque Substance, comme des corpuscules qui passeroient d'une Boule à l'autre, de mesme que des corpuscules de feu, qui passent d'un fagot allumé aux mains d'un homme qui se chauffe? Il est vray qu'il est tres-difficile d'expliquer tous ces differens mouvemens qui se remarquent selon les diverses percussions des corps, comment une Boule en met une autre en mouvement, comment elle s'arreste, ou comment elle ne va plus si viste, & ainsi des autres differences; mais apparemment cette difficulté, que je ne tiens pas insurmontable, ne vient que des mauvaises idées que les definitions du Mouvement nous donnent.

DE LA VITESSE, ET DE la Lenteur du Mouvement.

NE pourroit-on point dire que la Lenteur tire son origine du Repos? Certainement, de mesme que nous concevons la lumiere du Soleil en plein midy estre tres-grande, & que les differens degrez de celle que nous appercevons depuis ce moment jusques aux pures tenebres, naissent du meslange d'une plus grande, ou plus petite quantité de tenebres; nous pouvons de mesme concevoir que le mouvement par lequel les Atomes sont meus dans le Vuide, est tres-viste, & que tous les autres degrez qui sont depuis ce mouve- GASSENDI ment jusques à l'entier repos, naissent du meslange d'une plus grande, ou plus petite quantité de petits repos, ou morules.

Cela estant, quand il y a deux Mobiles dont l'un se meut deux fois plus viste que l'autre, il faut concevoir que de deux momens dans l'un & l'autre desquels le plus viste est meu, le moins viste est meu seulement dans un, & qu'il se repose dans l'autre; & que par une semblable raison, quand le mouvement est trois fois plus viste, dans les trois momens que le plus viste est meu, le moins viste se meut seulement dans un, & se repose dans les deux autres, & ainsi du reste.

QVE LA LENTEVR DV Mouvement ne doit, ce semble, pas tirer son origine des petits repos interceptez.

COmme estre Droit, & estre Courbe sont de purs Modes, ou de simples manieres d'Estre, & qu'estre en Repos, & estre en Mouvement ne sont aussi que de simples manieres d'Estre; il me semble que l'on pourroit assez justement comparer la Droiture, & la Courbure, avec le Mouvement, & le Repos, & que de mesme qu'on entend aisément qu'une Baguette, par exemple, peut estre plus ou moins courbe, & qu'il y a plusieurs sortes de Courbures, de petites, de plus grandes, & de plus gran- DOUTE.

des ; ainsi l'on purroit entendre qu'un corps peut estre plus ou moins en mouvement, & qu'il y a plusieurs sortes de Mouvemens, de lents, de vistes, & de plus vistes. D'ailleurs, que de mesme qu'il seroit ridicule de s'imaginer que dans ces differentes Courbures il y eust de la Droiture entre-meslée, & qu'une petite, & une grande Courbure fussent differentes en ce que dans l'une il y en eust plus, & dans l'autre moins ; ainsi il doit estre ridicule de s'imaginer que dans ces differens mouvemens il y ait des morules, ou des petits repos entre-meslez, & qu'un Mouvement lent, & un viste soient differens en ce que dans le lent il y en ait plus, & dans le viste il y en ait moins ; d'autant plus

plus qu'il n'y a aucune raiſon pourquoy une boule qui en roulant doucement ſur un billar auroit une fois eſté arreſtée, ou miſe en repos, ne deuſt pas enſuite demeurer en repos, juſques à ce qu'il intervint une cauſe qui la remit en mouvement. Joint qu'on ne ſçauroit concevoir, ni raiſonnablement dire, que les mouvemens de deux pierres qu'on a jettées du haut d'une Tour en bas, l'une avec peu, & l'autre avec beaucoup de force, ne ſoient pas tous deux continus, ou que l'un des deux ſoit interrompu par quelques petits repos interceptez.

Le Mouvement lent, & le Mouvement viſte ne different donc pas en ce que l'un ſoit moins continu, ou ſoit interrompu par plus de morules que l'autre ; l'un & l'autre sont parfaitement continus ; mais ils different en ce que l'un est tel, & que l'autre est tel ; en ce que l'un est une telle maniere d'Estre, & l'autre une telle maniere d'Estre ; ou si vous voulez, pour apporter ce qui nous peut faire connoistre parfaitement la difference de l'un, & de l'autre, en ce que l'un est tel qu'ayant à parcourir une certaine longueur continuë, le lent dans un mesme temps en parcoureroit moins, & le viste davantage.

Il est bien difficile, dit-on, de concevoir que deux mouvemens soient purs, simples, & continus, ou nullement interrompus de repos, & cependant qu'ils soient dissemblables, l'un lent,

& l'autre viste. Mais peut-estre se fait-on encore icy des difficultez où il n'y en a point, & je croirois volontiers que cela se concevroit aussibien, & aussi aisément que l'on conçoit que deux Courbures sont pures & simples, & cependant qu'elles sont dissemblables, l'une petite, & l'autre grande; puisque de mesme que la Courbure de soy, & abstractivement n'est rien, n'est point un Estre, mais une simple maniere d'Estre, à sçavoir la Baguette mesme entant qu'elle est de telle maniere qu'on appelle Courbure, & non pas de telle maniere qu'on appelle Droiture; ainsi le Mouvement de soy, & dans l'abstraict n'est rien, n'est point un Estre, mais une simple maniere d'Estre, à sçavoir le corps mesme entant qu'il est d'une telle, & non pas d une telle maniere, ou entant qu'il est de cette maniere qui est appellée Mouvement, & non pas de cette maniere qui est appellée Repos; ce que j'ay déja insinué plusieurs fois, & que l'on ne sçauroit trop faire remarquer ; parce que c'est le fondement de toute cette doctrine, & que si l'on n'est toûjours sur ses gardes on ne mâque pas de concevoir le Mouvement dans l'abstraict comme une chose, comme un Estre, au lieu que n'estant qu'une maniere d'Estre comme la Courbure, il ne doit jamais estre conceu que dans le concret. J'estime donc que tout mouvement soit lent, soit viste peut estre continu, ou nullement interrompu de repos, & que dans les compoſez, dont il eſt icy queſtion, la lenteur, & la viteſſe dépendent de l'action, & de la force ou grande, ou petite du moteur, c'eſt à dire de la lenteur, ou de la viteſſe qu'employe le moteur quand il agit, quand il pouſſe, ou quand il lance, en un mot, au moment qu'il met le mobile en mouvement, & que le mobile devient pour quelque temps comme partie du moteur.

Cependant on objecte, que ſi le mouvement d'un mobile lent, & celuy d'un mobile viſte ſont continus, il faut que pendant que le moins viſte eſt meu un inſtant, & qu'il parcourt un indiviſible, le plus viſte parcourre tout d'un coup, & ſans ſucceſſion pluſieurs indiviſibles rangez en ordre; ce qui ne ſe comprend point. Pour repondre à cette difficulté, il faut sçavoir qu'il est de l'essence du Corps, quelque petit qu'il puisse estre, d'avoir longueur, largeur, profondeur, partie anterieure, partie moyenne, & partie posterieure; comme il est de l'essence du Temps, quelque petit qu'il puisse aussi estre, d'estre successif; cela étant il est constant que cette difficulte ne regarde que ceux qui composent le cõtinu de Poincts, & le Temps d'Instans Mathematiques, & non pas ceux qui comme nous ne reconnoissent que des Poincts, & des Instans Physiques; de sorte que je répons en un mot, que dans le temps que le mobile lent parcourrera successivement, & continûment un poinct Physique, le mobile qui ſera le double plus viſte, ſe mouvant de meſme ſucceſſivement, continûment, & ſans s'arreſter, en parcourrera un entier, & ainſi des autres.

DU MOUVEMENT DES Corps lors qu'ils sont ſeparez du mobile.

JE me ſuis quelquefois étonné qu'il y ait tant de gens qui trouvent étrange, & ne puiſſent concevoir pourquoy une pierre, par exemple, ſe meut, & s'envole en l'air lors qu'elle eſt ſeparée de la main qui la lance, ou qui la jette : Car je vous prie, pour dire la choſe en un mot; puiſque la main qui la lance eſt en mouvement, & qu'eſtant comme partie de la main, elle eſt par con- DOUTE.

ſequent auſſi en mouvement ; pourquoy s'arreſteroit-elle, ou pourquoy ne s'envoleroit-t'elle pas, & ne continuëroit-elle pas de ſe mouvoir ? Eſt-ce qu'un corps qui eſt une fois d'une certaine maniere, ne doit pas demeurer, ou continuer d'eſtre de cette meſme maniere, juſques à ce qu'il ſurvienne quelque choſe qui l'en tire ? La pierre que la main jette eſt en mouvement, elle n'eſt pas attachée à la main comme la main au bras, & le bras au corps, rien ne l'empeſche de quitter la main, rien ne l'empeſche de demeurer dans ſa maniere d'eſtre ; & l'on trouvera étrange qu'elle y demeure, ou qu'elle continuë de ſe mouvoir !

L'experience d'une pierre qu'un Matelot laiſſe tomber du

haut du mast d'une Galere qui va à toutes rames d'Occident, par exemple, en Orient, devroit, ce me semble, oster tout scrupule; car comme la pierre se mouvoit, ou estoit meuë conjointement avec la main du Matelot, avec le Mast, & avec toute la Galere vers l'Orient; il est constant que lors qu'elle est hors de la main, elle continuë de se mouvoir vers le mesme endroit, ou ce qui est le mesme, qu'elle demeure en mouvement, c'est à dire dans l'estat, ou dans la maniere d'estre qu'elle estoit lors qu'elle a esté lâchée: Et cela est si vray, qu'en descendant elle suit toûjours le mast qui continuë d'aller vers l'Orient, & tombe enfin au pied du mast; au lieu que si en tombant elle n'avançoit point vers l'Orient, elle devroit tomber loin du mast en arriere vers la poupe de la Galere. Joint que ceux qui estant proche de là à terre sur le rivage, prennent garde à la main du Matelot, & à la pierre, voyent, & aperçoivent clairement que la pierre avance vers l'Orient, comme le mast, & qu'ainsi en tombant elle décrit une ligne, non pas perpendiculaire, mais courbe, & telle que celle que les Mathematiciens appellent parabolique.

DV CHOC, OV DE LA Percussion des Corps.

Doute. POur prendre la chose dans son origine, c'est à dire dans les Atomes, comme Principes de tous les mouvemens des Composez; ne pourroit-on point dire comme pour une premiere regle du Mouvement, que si un Atome rond, si vous voulez, & poli tel que nous-nous imaginons estre ceux de lumiere, estant meu dans le pur vuide, en rencontroit directement un autre de mesme figure, mais qui fust en repos, l'Atome rencontrant continuëroit sa route, sans rien perdre de son mouvement, & emporteroit avec soy l'Atome qui seroit en repos? Car comme un corps dans le vuide semble devoir estre dans un parfait equilibre, & ne devoit par consequent faire aucune resistance; pourquoy l'Atome rencontrant ne continuëroit-il pas son chemin, comme s'il ne rencontroit rien ?

Secondement, que s'il se pouvoit faire que l'Atome rencontré fust dans un repos invincible, & comme immobilement cloüé dans un endroit, l'Atome rencontrant s'arresteroit là tout court. Car pourquoy, ou par quelle raison se reflechiroit-il, & retourneroit-il en arriere ?

Troisiémement, que si l'Atome rencontré n'estoit pas dans un repos invincible, l'Atome rencontrant le pourroit bien emmettre en mouvement, & l'emporter avec soy ; mais qu'il ne le pourroit neanmoins faire qu'en changeant sa maniere d'Estre, c'est à dire qu'en perdant de son mouvement, ou devenant moins viste, & cela à proportion de la resistance

resistance de l'Atome rencontré. Car s'il est vray, comme je viens de dire, que l'Atome rencontré étāt immobilement en repos, fût capable de changer entierement la maniere d'Estre de l'Atome rencontrant, & de l'arrester tout court par sa resistance invincible; il est croyable que faisant une resistance mediocre, il feroit mediocrement changer la maniere d'Estre de l'Atome rencontrant, & le rendroit plus ou moins lent, à proportion de la resistance qu'il feroit.

Cecy supposé, que doit on dire de la reflection d'une boule d'yvoire, par exemple, ou d'un Balon, qu'on laisse tomber sur un marbre bien poli, ou sur une enclume? Car ce n'est pas que les parties enfoncées de l'enclume,

& de la boule (ou mesme de la boule seule, ou de l'enclume seule) retournant avec impetuosité comme un Ressort, se repoussent les unes les autres ; puis que selon l'experience que j'ay faite en presence de Monsieur l'Abbé Mariote qui nous a donné ce rare Traité de la Percussion des Corps ; pressez tant fort qu'il vous plaira un Balon avec la paûme de la main contre un marbre, il ne se reflechit, & ne rebondit point, de quelque vitesse que vous puissiez retirer, ou hausser vôtre main.

Ne seroit-ce donc point que la partie A qui fait l'extremité de l'essieu de la boule, & qui la premiere touche l'enclume, s'enfonce en dedans, & qu'en s'enfonçant, ou retournant en arriere, elle pousse, meut, & fait retourner la partie B, la partie B la partie C, la partie C, la partie D, & ainsi de suite selon la longueur de l'essieu jusqu'à Y, qui de même que les autres, presse, meuve, & fasse retourner en arriere la partie Z, qui étant la derniere, & mise en mouvement par la partie Y, continuë de se mouvoir, se reflechisse, & rebondisse en arriere, emportant avec soy toutes les parties de la boule, comme luy estant liées, & acrochées; au lieu que quand vous pressez la boule, ou le balon contre l'enclume, contre le marbre, ou contre le pavé, vous arrétez avec la paûme de vôtre main la partie Z, & par consequent toutes les autres parties precedentes jusques à A?

Car par ce moyen l'on concevra aiſément pourquoy une bale jettée contre une muraille ſe reflechit, ſans qu'il ſoit beſoin que les parties de la muraille enfoncées contribuënt en retournant comme un Reſſort vers la boule, à la reflection de la boule. Ou pourquoy deux boules qu'on ait ſuſpenduës,& qui eſtant lâchées ſe rencontrent diametralement l'une l'autre,ſe font reflechir l'une d'un coſté, & l'autre de l'autre, ſans que le reſſort, & le retour mutuel de leurs parties contribuë auſſi aucunement à leur reflection.

De ſorte que l'on pourra répondre à l'égard d'une boule d'yvoire qu'on laiſſe tomber ſur une enclume, que ſi cette boule rebondit plus haut que ſi elle tomboit ſur une table de bois ; ce n'eſt pas parce que le reſſort, ou le retour des parties de l'enclume ſoit plus vif, ou contribuë aucunement au retour de la boule ; mais parce que l'enclume étant tres-dure, & ſes parties ne s'enfonçant, ou ne cedant que tres-peu, la partie A de la boule retourne en arriere, & s'enfonce ſur la partie B avec plus d'impetuoſité.

DE LA FORCE, OU Vertu Elaſtique du Reſſort.

LA flexibilité de certains corps donne aſſurément ſujet à une grande difficulté ; car on demande pourquoy une ba- GASSENDI guette, une lame, ou quelque autre corps flexible de la ſorte qu'on a courbé de force, retourne, & reprend ſa premiere ſituation du moment qu'on le lâche; cependant il ſemble qu'on pourroit dire que ce retour n'eſt autre choſe qu'un mouvement de reflexion, & que le mouvement de celuy qui a le premier courbé la lame eſt cauſe du retour de la lame; ces deux mouvemens n'eſtant à proprement parler qu'un ſeul & même mouvement continu, ou continué, lequel eſt premierement dit directe, comme lors qu'une bale s'en va vers une muraille, & puis de reflexion, comme lorſque cette meſme bale retourne de la muraille.

QUE LA VERTU ÉLAstique semble devoir estre prise du mouvement continuel, & inamissible des premiers Principes.

MAis comme on peut supposer que durant un jour entier, ou davantage, on ait tenu un Ressort fixe & arresté contre quelque chose d'immobile, & qu'ainsi on ne peut pas dire alors que le retour, ou le mouvement que fait le Ressort du moment qu'on oste le corps qui le retient, soit continu avec le premier mouvement par lequel il a esté courbé, & arresté, voyons si selon nos Principes nous ne pourrions point trouver quelque cause probable de ce retour. Doute.

Certainement si nous supposons avec les Defenseurs des Atomes, ce que nous avons prouvé ailleurs, que les Atomes, quoyque pris, retenus, & embarassez dans les diverses compositions soit rares, & fluides comme l'Air, & l'Eau, soit solides comme le fer, ou l'acier, ne laissent pas d'être dans un trouble, & dans un mouvement continuel, & par consequent dans une espece de mouvement tonique, & dans un effort perpetuel comme pour se débarasser, & se mettre plus au large: Si nous supposions, dis-je, cette agitation continuelle, & inamissible des premiers principes; il semble premierement, qu'il seroit assez aisé de rendre raison de la vertu Elastique de l'air, qui fait qu'ayant été fortement reſſerré dans une Arquebuze à vent, il ſort avec une telle impetuoſité du moment qu'on ouvre la ſoupape, qu'il fait preſque le même effet que de la poudre à canon allumée dans un fuſil. Car comme tous les Atomes d'air qu'on a ainſi fortement reſſerrez, ſont dans un mouvement continuel, & tres-rapide, ce n'eſt pas merveille qu'ils ſortent avec une tres-grande impetuoſité du moment qu'ils trouvent un endroit libre par où ſe jetter, & s'envoler, & qu'ainſi ils pouſſent avec beaucoup de viteſſe, & de rapidité la bale qui ſe trouve à leur ſortie.

De meſme, il ſemble qu'on pourroit aiſément rendre raiſon de cette vertu Elaſtique, qui fait qu'une latte, une baguette, ou quelqu'autre corps flexible de la sorte qu'on a courbé de force, retourne comme de luy-méme à sa premiere situation du moment qu'on le lasche, ou qu'on l'éloigne du corps fixe qui le retenoit; puis qu'il est constant que lors qu'on courbe de force une baguette, par exemple, l on presse, & resserre les Atomes dont la baguette est composée, les contraignant de rentrer en dedans, de s'approcher les uns des autres, de se mieux arranger dans les petits vuides, en un mot, les reduisant bien plus à l'étroit, & dans un estat bien moins libre qu'ils n'étoient avant la courbure. Car ce n'est pas aussi merveille que tous les Atomes étant toûjours dans une agitation continuelle, & tres-rapide, & dans un effort continuel, comme pour se tirer de cette presse, & se mettre plus au large; ce n'est pas, dis-je, merveille que les Atomes du moment qu'on lasche la baguette, retournent chacun dans leur place, & prennent chacun leur premiere situation, qui est plus libre, & qui est la seule qu'ils puissent prendre, ce qui ne se peut faire que toute la baguette ne se redresse, & ne se remette comme d'elle-mesme en sa premiere situation.

CE QUE C'EST QUE le Temps.

CE n'est pas sans raison que S. Augustin dit en parlant du Temps, *Si personne ne me demande ce que c'est, je le sçais, mais* GASSENDI.

si quelqu'un veut que je luy en donne l'explication, je n'en sçais rien; car quoy qu'en entendant prononcer le mot de Temps, comme lors qu'on dit, il y a longtemps, ou il y a peu de temps, la signification de ce mot de Temps ne nous arreste pas fort; neanmoins l'on ne sçauroit dire en quelle peine nous nous trouvons si nous voulons definir le Temps par son genre, comme on dit, & par sa difference; de sorte que Ciceron disant d'ailleurs *qu'il est difficile de definir le Temps*, peu s'en faut que nous ne disions que cela est absolument impossible; tant il est difficile de trouver une definition qui satisfasse. Or cette difficulté ne vient apparemment, que de ce qu'estant preoccupez de cette division

diviſion de l'Eſtre en Subſtance, & en Accident, l'on prend d'abord le Temps comme quelque Accident qui ſoit dans les choſes Corporelles, au lieu que ſi c'eſt quelque choſe, ce doit, ce ſemble, eſtre quelque choſe d'Incorporel, comme l'Eſpace vuide, & independant de l'exiſtence de quelque choſe que ce ſoit.

En effet, de meſme que dans la Nature il y a un Eſpace incorporel, qui quoy qu'on le nomme Imaginaire, eſt toutefois ce en quoy conſiſte uniquement la nature du Lieu ; ainſi il ſemble qu'il y a une certaine Durée incorporelle, ou independante des corps, qui quoy qu'elle ſoit appellée Imaginaire, eſt toutefois telle que c'eſt en elle ſeule que consiste la nature du Temps. Car de mesme que cet Espace, outre qu'il est le lieu du Monde, & de toutes ses parties, est encore diffus de tous costez sans aucune fin; ainsi on conçoit que cette Durée, outre qu'elle est le temps du Monde, & de toutes les choses qui sont dans le Monde, a encore esté diffuse ou répanduë avant que le Monde fût, sans avoir jamais commencé, & doit continuer de se répandre sans jamais finir, quand mesme le Monde seroit detruit.

C'est pourquoy, comme nous imaginons les choses incorporelles à la maniere des corporelles, peut-estre suffira-t'il de dire, que de mesme que dans les choses corporelles il y a deux sortes de diffusion, d'étenduë, ou de quantité l'une Permanente, comme la Grandeur, l'autre Successive, comme le Mouvement; il y a de même deux sortes de quantité dans les choses incorporelles, l'une Permanente, qui soit le Lieu, ou l'Espace, l'autre Successive, qui soit la Durée, ou le Temps; en sorte que de mesme que l'Espace a esté definy une Etenduë incorporelle, & immobile, dans laquelle l'on peut de telle maniere designer & longueur, & largeur, & profondeur, qu'il puisse estre le lieu de quelque chose que ce soit; ainsi la Durée puisse estre definie *une Etendue incorporelle coulante*, dans laquelle l'on peut de telle maniere designer le present, le passé, & le futur, qu'elle puisse estre le Temps de toutes choses.

Les Stoïciens ont eu cette pensée, & elle me semble bien plus raisonnable que celle d'Epicure, qui croyoit que le Temps ne seroit point s'il n'y avoit point de choses qui durassent par le Temps, ou mesme si nostre Entendement ne pensoit point qu'elles durassent. Car l'on entend qu'avant qu'il y eust des choses, le Temps a coulé, ce qui fait que nous disons que Dieu les a pû produire plûtost, c'est à dire, ou long-temps, ou peu de temps avant qu'il ne les a effectivement produites; & maintenant que les choses sont, l'on entend qu'il coule de mesme teneur qu'auparavant; & supposé que Dieu reduisit toutes choses au neant, l'on entend encore qu'il couleroit de mesme, &

en mesme temps nous comprenons que Dieu les ayant voulu reproduire, il y auroit eu ou un long temps, ou peu de temps entre leur destruction, & leur reproduction.

Ce qui nous fait de la peine, c'est, qu'encore que nous semblions parler proprement, & entendre ce que nous disons toutes les fois que nous disons le temps coule, le temps fuit, le temps s'approche, le temps viendra, &c, nous sommes neanmoins estonnez que voulant montrer le flux, l'écoulement, la succession du Temps, nous-nous appercevons que tout nostre discours n'a esté que metaphorique, & que l'on ne sçauroit montrer au doigt le flux du Temps, comme l'on peut montrer celuy de l'Eau : Mais, comme nous ne pouvons parler des choses incorporelles que par analogie aux corporelles, il suffit que de mesme qu'on entend le flux de l'eau, lorsque ses parties coulent successivement les unes aprés les autres; ainsi l'on entende le flux du Temps, lors que ses parties passent successivement, & de mesme teneur que les unes aprés les autres.

Neanmoins le Temps se compare mieux avec la flamme d'une chandele, dont l'essence consiste tellement dans l'écoulement, qu'elle est autre à chaque moment, & n'est jamais plus la mesme qui a esté auparavant, ni celle qui sera par-aprés ; car la nature du Temps consiste aussi tellement dans l'écoulement, que tout ce qui s'en est écoulé n'est plus presentement, & que tout ce qui s'en doit écouler n'est point encore; Delà vient que de mesme que toute la flamme ne laisse pas d'estre quelque chose de corporel, & de continu, quoy que chacune de ses parties soit momentanée; ainsi le Temps consideré selon son tout, ne laisse pas d'estre quelque chose d'incorporel, & de continu, quoy que chacune de ses parties soit momentanée, ou plûtost le moment mesme, qu'on apelle Maintenant, & le Present. Car de mesme que chaque petite flamme presente estant conjointe avec celle qui precede immediatement, & avec celle qui suit immediatement aprés, il se fait une continuation du tout; ainsi chaque moment de Temps ayant aussi connexion avec celuy qui precede immediatement, & celuy qui suit immediatement aprés, il se forme delà une succession continuë du tout.

C'est pourquoy lors que l'on objecte que le Temps n'est rien; en ce qu'estant composé du passé, du present, & de l'avenir, le passé n'est plus, l'avenir n'est pas encore, & le present s'evanoüit; l'on peut repondre qu'il en est de mesme que si on objectoit que la flamme n'est rien, en ce que tout ce qui en a precedé n'est plus, que tout ce qui en suivra n'est pas encore, & que ce qui en est present s'evanoüit. Car c'est faire un Paralogisme que de prendre les choses successives comme les permanentes, veu qu'elles ſont abſolument differentes : C'eſt chercher dans la nature des choſes ſucceſſives ce qui n'y eſt point, & qui feroit qu'elles ne ſeroient pas ſucceſſives s'il y pouvoit eſtre ; puiſque ſi vous ſuppoſez que leurs parties s'arreſtent, qu'elles ne coulent pas, qu'elles demeurent fixes, & immobiles, vous les faites permanentes.

Mais il n'y a en effet rien que de permanent ? Il faut avoüer que rien n'eſt en effet permanemment que ce qui eſt permanent ; mais que ce qui eſt ſucceſſif eſt effectivement auſſi à ſa maniere, à ſçavoir ſucceſſivement. Car comme la nature de celuy-là conſiſte en ce que ſes parties ſoient enſemble, & que l'on puiſſe dire du tout pluſieurs fois de suite, *il est*, *il est*, *il est*, de mesme la nature de celuy-cy, consiste en ce que ses parties ne soient pas ensemble, & que l'on puisse dire seulement du tout conjointement, *qu'il a esté*, *qu'il est*, *& qu'il sera.*

Or tout cecy supposé, je ne vois pas qu'Epicure puisse dire, que le jour, & la nuit soit longue, ou courte par rapport au temps que nous luy donnons par la pensée; puis qu'elle peut bien plûtost être dite telle par rapport au temps, lequel, soit qu'on y pense, ou qu'on n'y pense pas, va toûjours coulant. Je ne vois pas aussi qu'Aristote puisse dire, que le Temps soit le nombre, ou la mesure du Mouvement, lequel temps ne seroit point s'il n'y avoit personne qui le contast;

veu que le Temps(quelque chose qu'il puiſſe eſtre) & ſoit qu'on le conte, ou qu'on ne le conte pas, ne laiſſe pas de couler, & avoir ſes parties anterieures, & poſterieures. Il eſt bien vray que les hommes pour deſigner, diſtinguer, & meſurer le Temps prennent, accommodent, & content les parties de quelque mouvement, & principalement de celuy du Ciel; mais le Temps ne depend point pour cela du mouvement, ou de ſes parties ſoit contées, ſoit non-contées; veu principalement qu'il a eſté avant le mouvement celeſte meſme, & que nous comprenons tres-clairement, que bien qu'il y ait pluſieurs mouvemens celeſtes, il ne s'enſuit pas pour cela qu'il y ait pluſieurs temps ; ou que ſi Dieu creoit pluſieurs Mondes, & pluſieurs Cieux mobiles, cette creation ne feroit pas multiplier le temps. Le temps n'eſt donc point le nombre, ou la meſure du mouvement, mais plutoſt *un certain flux qui n'eſt pas moins independant du mouvement que du repos, & auquel un nombre innombrable de mouvemens differens peuvent correſpondre.*

QVE LE TEMPS N'EST *point un flux eternel, & uniforme, &c.*

DOUTE. TOut ce qui exiſte a quelque durée, ou grande, ou petite ; rien ne ſçauroit naiſtre, & perir en un moment, ou eſtre produit, & detruit en meſme temps

temps, cela repugne, comme il repugne qu'une chose ſoit, & ne ſoit pas; de ſorte que l'on doit conſiderer la Durée, comme un mode eſſentiel, & inſeparable de quelque choſe que ce ſoit, & de là inferer Premierement, qu'on ne ſçauroit connoitre qu'une choſe exiſte, qu en meſme temps on ne connoiſſe qu elle dure; Secondement, que n'y ayant rien de plus evidemment connu que l'exiſtence d'une choſe; puis qu'il ſuffit que la choſe nous envoye ſon eſpece, & ſoit apperceuë par les ſens; il n'y a auſſi rien de plus évidemment connu que la Durée; & que de meſme qu'il ſeroit ridicule de vouloir definir, ou expliquer ce que c'eſt qu'exiſtence, ce que que c'eſt qu'eſtre, ou exiſter;

parce qu'on ne ſçauroit jamais rien apporter de plus clair, & de plus evidemment connu ; ainſi il ſeroit ridicule de vouloir expliquer ce que c'eſt que durer, ou apporter quelque definition de la Durée ; parce que l'on ne ſçauroit auſſi rien dire de plus clair, & que ſi l'on nous demandoit ce que c'eſt que durer, ce que c'eſt que durée, nous ne ſçaurions dire autre choſe, ſinon que durer c'eſt durer, ou, ſi vous voulez, que durer c'eſt continuer d'eſtre, c'eſt eſtre, & ne perir pas à l'inſtant meſme qu'on eſt ; & ainſi que la durée d'une choſe eſt ſa durée, eſt ſon exiſtence continuée, ou l'exiſtence meſme de la choſe entant qu'elle ne perit pas au même inſtant qu'elle eſt.

Mais pour prevenir quelques difficultez, & reconnoitre ce que c'estque le Temps, il faut remarquer qu'il en est à peuprés de la Durée, comme de l'Etenduë; encore qu'en jettant les yeux sur quelque chose que ce soit, l'on connoisse d'abord qu'elle est étendue; neanmoins parce qu'il y a des differences d'Etenduë, & qu'il y a des corps dont l'etenduë, ou la longueur est telle, comme pourroit estre celle d'une longue poutre, ou d'une longue piece de drap, qu'elle ne peut estre veuë, ou apperceuë qu'a plusieurs fois, & que grossierement; cela fait que si nous voulons sçavoir au juste quelle est l'étenduë de ces corps, nous sommes obligez d'avoir recours à quelque autre étenduë, qui pour estre plus petite, & capable d'estre apperceuë tout d'un coup, soit parfaitement connue, ou censée telle, comme est celle d'un pied, ou d'une aulne, & puisse ainsi nous servir de mesure pour connoitre celle qui nous est moins, ou plus confusement connuë. De mesme, encore que jettant les yeux sur quelque chose que ce soit, nous connoissions d'abord qu'elle est, & qu'elle dure; toutefois parce qu'il y a aussi des diversitez de durées, & qu'il y en a de tres-longues, telle qu'est celle d'vn vieux chesne, d'un vieil homme, d'un vieil Elefant nous-nous trouvons obligez, pour pouvoir connoitre au juste la longue durée de ces choses, d'avoir recours à la durée de certains mouvemens, telle qu'est celle d'un battement d'artere, d'une vibration d'un Pendule à secondes, de l'ecoulement uniforme d'une certaine petite quantité d'eau, ou de sable, du mouvement horaire, journalier, ou annuel du Soleil; nous sommes, dis-je, obligez d'avoir recours aux durées de certains mouvemens, qui pour estre courtes, & par consequent aisées à connoitre, soient evidentes, ou censées telles, & nous puissent servir de mesure pour connoitre au juste ces sortes de durées, qui pour estre trop longues, ne nous sont connuës que grossierement, & imparfaitement.

Cecy supposé, j'estime que de mesme que pour connoitre la nature du Lieu, il ne faut point tant subtiliser, ni avoir recours à je ne ſçais quel Eſtre eternel, & immobile qui ne ſe trouve point en Nature; le Lieu n'eſtant autre choſe que *la ſuperficie du corps qui environne;* ainſi pour connoitre la nature du Temps, il ne faut point auſſi avoir recours à je ne ſçais quel Flux eternel, & uniforme, qu'on ne ſçauroit trouver nulle part, & qui n'eſt que dans la ſeule imagination; le Temps n'eſtant autre choſe que *quelque durée determinée de mouvement, laquelle pour eſtre connue & evidente, ou cenſée telle, peut ſervir de meſure pour connoitre au juſte d'autres durées moins connues.*

Delà vient que s'il n'y avoit aucun mouvement, comme ſi l'on ſuppoſoit qu'il n'y euſt dans la Nature qu'une choſe ſeule, & unique, & immobile, il ſeroit vray de dire de cette chose, qu'-elle seroit, qu'elle existeroit, qu'elle continuëroit d'estre, qu'-elle n'auroit pas pery au premier moment qu'elle auroit esté, en un mot, qu'elle dureroit ; mais comme par la supposition il n'y auroit point d'autre durée plus connuë qui pust servir de mesure pour connoitre au juste sa durée, elle ne dureroit point de temps, elle ne répondroit à aucun temps.

Et ne dites point que sa durée cependant seroit ou longue, ou courte, & que cela ne peut être sans temps. Car pour qu'elle soit telle, ou telle en soy, cela ne depend point du temps, de mesme que pour qu'une chose soit de telle, ou de telle longueur, cela ne dépend d'aucune mesure par laquelle elle puisse estre mesurée. Ce qu'il ne faut neanmoins pas nier, & à quoy nous-nous en devons aussi tenir, c'est que la durée de cette chose seroit telle qu'elle auroit pû repondre à des temps finis, si l'on supposoit qu'elle n'eust pas toûjours esté, ou à des temps infinis, si on la supposoit avoir toûjours esté, comme Dieu.

DE L'ETERNITE.

GASSENDI

QUoy que l'Eternité semble ne pouvoir étre autre chose que le Temps mesme; entant qu'il n'a ni commencement, ni fin; c'est à dire une certaine durée perpetuelle, ou un certain flux eternel, & uniforme, qu'on imagine estre comme le Temps independant de tout Estre, de tout repos, de tout mouvement; cependant l'on objecte incontinent qu'il n'en est pas de l'Eternité comme du Temps, en ce que le Temps estant successif, & ayant des parties qui se suivent les unes aprés les autres, l'Eternité est toute tout ensemble, n'a ni passé, ni futur, & n'est que le present, & qu'un certain *Maintenant* immobile, selon cette celebre definition que Boëce nous en donne, *l'Eternité est une possession parfaite, & toute entiere d'une vie sans fin*; c'est pourquoy il faut principalement remarquer deux choses.

L'une, que Platon, que quelques Peres ont imité, & de qui

Boëce a tiré ſa definition n'a pas pris l'Eternité abſtractivement, ou pour une eſpece de durée preciſement, mais pour la choſe eternelle, à ſçavoir la ſubſtance Divine, qu'il veut d'ailleurs eſtre l'Ame du Monde. L'autre, que lors que Platon pretend qu'on ne doit point attribuer le paſſé, & l'avenir à la Subſtance éternelle, mais ſeulement le preſent, ou ce mot d'*eſt*, ce n'eſt que de crainte que ſi nous diſions *elle a eſté*, on entendit qu'elle n'eſt plus, comme lors qu'on dit, *Troye a eſté*, & que ſi nous diſions qu'elle *ſera*, on ne donnaſt à entendre qu'elle n'eſt pas encore, comme lors qu'on dit, *Il y aura quelque jour un autre Typhis*, mais il ne pretend pas qu'on ne puiſſe bien dire de cette Divine Subſtance *elle a esté, & sera*; pourveu que nous entendions que presentement elle demeure absolument la mesine qu'elle a toûjours esté auparavant, & qu'elle a toûjours été, & est presentement telle qu'elle sera à jamais. Car Platon ne veut autre chose, sinon qu'on se donne de garde d'attribuer à l'Etre eternel, qui est Dieu, les changemens des choses qui sont sujettes à la generation, & à la corruption.

Il croit par consequent que ce terme *est* luy convient proprement; parce qu'il est toûjours absolument le mesme, ou a toûjous les mesmes perfections, & qu'il n'y a aucun moment en toute l'etenduë du temps infini dans lequel on puisse dire, il a apresent quelque chose qu'il n'avoit pas auparavant, ou qu'il n'aura pas ensuite; mais qu'il a tout ensemble à chaque moment tout ce qu'il a dans tous les temps pris conjointement; le progrez des temps ne luy ajoûtant, ni ne luy ostant rien, comme il se fait dans les autres choses qui sont sujettes au changement.

C'estpourquoy nous disons aussi, que quand l'Eternité est dite être quelque chose qui est toute tout ensemble, ou qui n'a aucune succession, aucun flux, aucun écoulement, elle est decrite alors, non entant qu'elle est une durée, mais entant qu'elle est la Substance Divine, ou la vie de la Substance Divine, comme lors que Plotin la definit *Une vie sans limites*, & Boëce, *La possession d'une vie sans limites.*

Aussi

Aussi voyez-vous que Durée dans ces definitions devant estre le Genre, on a apporté tout-autre chose ; mais ces grands hommes se sont contentez de nous indiquer que la raison pourquoy l'essence de Dieu dure par une durée eternelle, c'est qu'il est immuable, & que tout ce qu'il possede, il le possede sans le pouvoir jamais perdre.

Que si vous demandez maintenant la difference de l'Eternité, & du Temps, j'estime qu'on peut repondre en trois mots, que le Temps, & l'Eternité ne different, qu'en ce que l'Eternité est une durée infinie, & que le Temps selon l'usage ordinaire, en est une certaine partie. C'est ainsi qu'en parle Ciceron. *Le Temps*, dit-il, *est une partie de* l'Eternité. Ainsi l'Eternité sera dite *une durée qui n'a ni commencement, ni fin;* & qui ne convient qu'à Dieu; & le Temps *une durée qui a commencement, & fin,* & qui convient aux choses caduques, & perissables.

Au reste, je ne vois pas comment on ne puisse pas bien dire, Dieu a été du temps du premier homme, & Dieu sera du temps du dernier; & comment ce ne soit pas mesme mieux dit, Dieu a autrefois creé le Monde, & un jour il reparera le Monde, que de dire il crée, & repare apresent.

L'on objecte la Sainte Ecriture qui attribuë le present à Dieu, comme quelque chose qui luy convient particulierement. *Ie suis qui je suis, & celuy qui est m'a envoyé à vous.* Mais pour pasſer ſous ſilence que le texte Hebraique n'exprime pas le temps preſent, mais le futur. *Ie ſeray celuy qui ſera, & celuy qui ſera m'a envoyé à vous*, combien avons nous de paſſages qui attribuënt auſſi proprement à Dieu le futur, & le paſſé, que le preſent? L'Apocalypſe en parle en ces termes, *Celuy qui eſt, & qui eſtoit, & qui doit venir.* Et Dieu meſme dit en pluſieurs endroits des choſes, non qu'il fait, mais qu'il a fait, ou fera.

Il ne s'enſuit neanmoins pas delà ce que nous voyons qu'on objecte auſſi ordinairement, à ſçavoir que toutes choſes ne ſeroient pas preſentes à l'Entendement de Dieu; car il eſt vray que pluſieurs choſes ont effectivement eſté, ou ſeront: Mais parce que Dieu ne perd pas sa memoire des choses passées, & que l'obscurité des choses à venir ne le trouble point, & qu'ainsi il envisage toûjours toutes choses tres-distinctement; pour cette raison nous disons que toutes choses sont toûjours presentes à son Entendement, non qu'il connoisse toutes choses estre presentes ensemble, mais parce qu'il a devant soy toutes les diversitez des temps, & qu'il voit aussi parfaitement les choses futures & les passées, que celles qui sont actuellement presentes; car il ne connoist pas les choses à la façon des hommes tantost l'une, & tantost l'autre successivement; mais il connoit tout ensemble, & dans le mesme moment tout ce qu'il a jamais pû, & pourra connoitre.

L'on objecte de plus quelques-uns des Peres, comme S. Augustin, S. Gregoire de Nazianze, & S. Jean Damascene, qui nient qu'il y ait eu aucun temps avant la creation du Monde, quoyque Dieu fust subsistant dãs l'Eternité ; mais nous pouvons opposer S. Basile, S. Ambroise, S. Hierosme, & quelques autres qui reconnoissent qu'il y a eu un temps, & des siecles avant que le Monde fust creé.

QUE L'ETERNITE' N'EST point un Flux éternel, & uniforme, &c.

JE n'ay presque rien à ajoûter à ce qui a esté dit dans le Chapitre precedent; car comme nous avons rejetté le Temps abstractivement pris pour un certain Doute flux perpetuel, uniforme, & independant de tout Estre, de tout mouvement, & de tout repos, & que selon nostre Autheur l'Eternité ne differe point du Temps; il est evident que nous ne devons point reconnoitre d'Eternité abstractivement prise pour ce mesme flux qui ait esté sans commencement, & doive estre sans fin. Il est de même evident, selon ce qui a aussi déja esté dit, qu'avant que le Monde fust creé il n'y avoit point de Temps; parce qu'il n'y avoit point de mouvement, & que le Temps n'est autre chose que la durée de quelque mouvement, qui pour être courte, & par consequent clairement connuë, peut servir de mesure pour mesurer, & connoitrequelque autre durée, qui pour estre trop longue est plus obscure, ou plus obscurement connuë. Enfin il est evident que la durée de Dieu, ou son existence continuée est dite éternelle, & infinie ; non pas qu'elle ait esté des temps infinis, ou qu'elle ait répondu à des temps infinis, puis qu'avant la creation du Monde il n'y avoit point de mouvement, ni par consequent point de Temps ; mais parce qu'elle est telle, à la difference de celle des choses creées, que s'il y en avoit eu d'infinis, ou de toute Eternité, elle y auroit pû répondre.

SI LA REPONSE QVE IE donne icy à la grande, & ordinaire Objection qui se fait contre l'existence des Atomes, est recevable.

Doute.

DEux Raisons entre autres semblent demontrer l'Opinion des Atomes. La premiere se trouve ordinairement chez les Anciens proposée en ces termes. *Du moment qu'on est demeuré d'accord que dans quelque grandeur il y a des parties, ou infinies, ou autant qu'on veut, il n'y a plus moyen de concevoir comment cette grandeur soit finie. Car soit qu'on suppose ces parties Aliquotes, c'est à dire estre égales entre elles, ou à une certaine Determinée; soit qu'on les suppose*

Proportionnelles, ou toûjours plus petites, & plus petites de moitié les unes que les autres, il est evident que la grandeur qui en resulte doit estre infinie. C'est ainsi que raisonnent les Autheurs des Atomes, & cette raison est assurement d'une telle consideration, que pourveu que l'on vueille se donner la peine de la bien examiner, l'Opinion contraire paroistra tout à fait éloignée du bon Sens, & l'on s'étonnera qu'il puisse y avoir des Philosophes qui soûtiennent un tel Paradoxe. Car, je vous prie, peut-il tomber dans la pensée d'un homme raisonnable, qu'une certaine grandeur bornée, & limitée de tous costez, que nous tenons en nos mains, puisse contenir entre ses bornes que nous voyons une infinité de parties, & qu'ainsi elle soit divisible en toutes ces parties ? Quoy n'est-ce pas une contradiction evidente, qu'un Tout soit finy, & borné de tous costez, & cependant qu'il contienne des parties infinies ? Comme si le Tout étoit autre chose que l'amas mesme des parties, & comme si toutes les parties prises ensemble pouvoient être plus grandes que le Tout ! Certainement, quand on apporteroit mesme des Argumens qui semblassent prouver cette infinie divisibilité de parties, & qui fissent de la peine; ne devroit-on pas soupçõner qu'il y auroit quelque Sophisme caché, aussi-bien que dans ceux par lesquels Zenon, cette divisibilité de Continu à l'infiny estant supposée, entreprenoit de prouver qu'il n'y avoit point de mouvement?

D'ailleurs, quel est l'homme qui puisse comprendre que l'extremité du pied d'un Ciron soit tellement feconde en parties, qu'elle puisse estre divisée en mille millions de parties, dont chacune puisse ensuite estre divisée de même en autant de parties, & une de celle-cy en autant d'autres, sans qu'on puisse jamais parvenir aux plus petites ou dernieres, quoyque cette division se fasse consecutivement à tous les momens qui se peuvent distinguer dans des millions de millions d'années?

De mesme, quel moyen y a-t'il de comprendre que tout le Monde ne soit pas divisible en plus de parties qu'un Ciron; puis qu'ayant divisé le Monde en autant de parties, & autant petites qu'on voudra, l'on en peut autant prendre dans le pied du Ciron; le nombre en estant autant inepuisable, & ne pouvant jamais estre terminé par aucune division?

La seconde qui est tirée de Lucrece, a toûjours paru si forte, que plusieurs à bon droit luy donnent le nom de Demonstration Physique. Comme il est constant, dit-il, que dans la Nature il y a des corps durs, & des corps mols; si l'on fait les premiers Principes solides, durs, & impenetrables, il s'en pourra non seulement faire des choses dures, comme il est evident, mais aussi de molles, parce que ce qui

qui se formera de ces Principes pourra devenir mol par le meslange des petits vuides ; Mais si on les suppose mols, ou toûjours, & toûjours divisibles, il s'en pourra veritablement bien faire des choses molles, mais l'on ne montrera jamais par aucune raison qu'il s'en puisse faire de dures ; puis qu'il n'y aura point de solidité fondamentale, c'est à dire qu'il n'y aura point de principe de dureté dans la Nature.

Hûc accedit, uti solidissima materiai
Corpora cùm constant, possint tamen omnia reddi
Mollia, quæ fiant aer, aqua, terra vapores ;
Admistum quoniam simul est in rebus Inane.

At contrà, si mollia primordia rerum,
Vnde queant validi silices, ferrumque creari,
Non poterit ratio reddi: Nam funditùs omni
Principio fundamenti Natura carebit.

Il y a donc, conclut-il, des corpuscules simples, pleins, & solides, qui selon qu'ils sont ou plus, ou moins serrez entre eux, font paroitre les choses plus ou moins dures, & plus, ou moins difficiles à diviser.

Sunt igitur solida pollentia simplicitate,
Quorum condenso magis omnia conciliatu
Arctari possunt, validasque ostendere vires.

L'on pourroit dire, pour une

troisiéme Raison; qu'autant qu'il est indubitable que dans la Nature il y a quelque chose d'Impenetrable, à sçavoir tout ce qui est Corps; autant est-il indubitable qu'il y a quelque chose de tres-resistant, de tres dur, & par consequent d'Indivisible; puis que nous concevons que ce qui fait que deux parties de Matiere gardent leur etenduë, ou demeurent de suite l'une hors de l'autre sans se reduire, & se confondre dans un seul & mesme lieu, c'est parce qu'elles se resistent mutuellement l'une à l'autre, & qu'elles se resistent, parce qu'elles sont dures, & solides, ou d'une dureté, & d'une solidité invincible : Mais venons à l'Objection.

N'est-il pas vray, dit-on, que

de quelque corpuscule, ou particule de matiere que ce soit, la face, ou la partie A, par exemple, qui regarde l'Orient, n'est pas la face, ou la particule B, qui regarde l'Occident? Soit. Donc la partie A est reellement distincte de la partie B? Soit encore. Donc ces parties sont separables entre elles? Je nie la Consequence. Le signe, ou la raison de la Separabilité des choses, c'est d'être reellement distinctes, & d'estre en differens lieux. Cette proposition n'est pas vraye, & je soûtiens que le signe, la raison, ou la cause de la Separabilité de quelque corps que ce soit, c'est de ceder, c'est de ne resister pas, c'est de n'estre pas tres-dur; de mesme que le signe manifeste de l'inseparabilité d'un Tout est de ne pas ceder, de resister, d'estre tres dur, ou d'une dureté invincible. Or je pretens, ce qui a deja esté prouvé plus haut, qu'il y a quelque chose de tres-dur dans la Nature, à sçavoir les premiers Principes; parce qu'autrement il n'y auroit point de corps durs dans le Monde, & par consequent qu'il y a quelque chose d'inseparable, & d'indivisible, qui est ce que j'appelle Atome.

Remarquez cependant, que c'est parler improprement, que de donner le nom de parties à la face orientale, & occidentale d'un Atome; parce que ce nom ne s'attribuë proprement qu'à ce qui est separable. Lucrece les appelle *Minima naturalia*, comme s'il vouloit dire, ce qui est naturellement tres-petit, ou ce qu'il y a de plus petit dans la Nature, ou ce qui est autant petit qu'il puisse estre, comme ne pouvant estre plus petit, & estre, & demeurer estre : Mais l'on ne doit pas s'arréter à une question de nom, pourveu qu'on s'entende, & qu'on entende la chose.

Remarquez de mesme, que ce n'est pas aussi parler proprement, que de dire que ces faces, ou parties soient reellement distinctes, parce qu'il faudroit qu'elles fussent separables entr'elles, ce que nous pretendons être impossible par la mesme raison que nous venons de toucher, à sçavoir parce qu'elles sont d'un Tout, qui est de sa nature tres-dur, ou doüé d'une dureté invincible : Mais l'on ne doit pas aussi en cela s'arréter sur le nom.

Je veux, dira quelqu'un, qu'un corpuscule, ou une particule de matiere, telle que vous pretendez estre vostre Atome, soit tres-dure, & mesme tres-solide, ou sans vuides, & qu'elle soit par consequent indivisible par l'introduction d'un corps étranger; du moins ne sera-t'elle pas absolument divisible, en ce que ses extremitez, à sçavoir les parties Orientale, & Occidentale se pourront aisément diviser, comme deux cubes tres-polis, & tres-durs qui se toucheroient, & cela en les prenant, & en les tirant l'une d'un costé, & l'autre de l'autre. Je repons qu'il n'en est pas de ces deux parties, comme des deux cubes, en ce que les deux cubes ne sont que contigus, & que ces parties sont continuës, ou parties d'un Tout purement, & absolument continu, sans interruption, sans discontinuation, *& contenu sous une seule, & unique superficie* ; au lieu que les deux cubes sont parties d'un Amas, ou d'un Tout interrompu, discontinué, *& contenu sous plusieurs superficies.* Il n'y a rien, dira-t'il, que de contigu dans la Nature. Mais s'il n'y a rien que de contigu dans la Nature, il n'y a donc rien d'inseparable, il n'y a donc point de corps fini, si petit qu'on le fasse, qui ne soit divisible à l'infini, qui n'ait par consequent des parties infinies, & qui ne soit ainsi par consequent & fini, & infini, ce qui implique contradiction, comme nous avons demontré plus haut. De plus, s'il n'y a rien que de contigu dans la Nature, tous les corps, quels qu'ils soient, seront donc egalement aisez à diviser, ou comme dit Lucrece, *Vis eadem dissolvet corpora quæque*, une mesme force pourra dissoudre quelque sorte de corps que ce soit.

Et il est inutile de dire que les uns seront mieux liez, ou auront de plus forts liens les uns que les autres; parce que ces pretendus liens ne seront que contigus, & que n'y ayant rien que de contigu, toutes leurs parties seront contiguës.

Il est de mesme inutile de dire que ces corps-là seront plus aisez à dissoudre dont les parties seront plus en mouvement, ou qui auront plus de leurs parties en mouvement. Car ce n'est point l'idée du mouvement, ou du repos qui nous donne l'idée de la Separabilité ; que de la poudre de diaman ſoit tant qu'il vous plaira meuë, & agitée, chaque petit grain en particulier n'en ſera pas moins dur, & moins difficile à diviſer. Avoüons donc que dans la Nature il y a quelque choſe de plus que de contigu, qu'il y a des corps entierement, & abſolument continus, & par conſequent indiſſolubles, tels que ſont les Atomes, ou les premiers Principes, & que ſelon que ces corps ſont plus ou moins etroitement ſerrez, liez, entre-laſſez, ils font des Composez qui ſont plus ou moins aiſez à diſſoudre, à couper, à ſeparer, ſelon ce qui a deja eſté rapporté de Lucrece.

Sunt igitur solida pollentia simplicitate,
Quorum condenso magis omnia conciliatu
Arctari possunt, validasque ostendere vires.

Du moins ne sçauroit-on nier, direz vous, que Dieu ne puisse diviser un Atome, & separer, par exemple, la partie Orientale de l'Occidentale. Il est vray que rien ne s'oppose à la Toute-puissance Divine, que l'Entendement humain ne voit souvent que fort obscurement ce qui implique, ou n'implique pas contradiction, & qu'ainsi il ne doit pas inconsiderement determiner ce qui est, ou ce qui n'est pas possible; de sorte que nous pouvons seulement dire icy, que si Dieu separoit la partie Orientale d'un Atome de l'Occidentale, il le feroit par une voye qui ne ſeroit pas moins ſurnaturelle, ni pas moins inconcevable que la penetration, & qui par conſequent ſeroit hors de la conſideration de la Phyſique, qui ne conſidere les choſes que ſelon le cours ordinaire de la Nature?

SI LA RAISON QU'ON *apporte ordinairement pour prouver la neceſſité des petits Vuides, eſt icy dans toute ſa force*

DOUTE. EMpiricus propoſe cette Raiſon en trois mots. *S'il y a du mouvement*, dit-il, *il y a du Vuide. Or il y a du mouvement, donc il y a du Vuide*; & voicy comme Lucrece l'explique.

Quòd

Quod si non esset (supple Inane)
nulla ratione moveri
Res possent ; namque officium quod corporis extat
Officere, atque obstare, id in omni tempore adesset
Omnibus. Haud igitur quidquam procedere posset,
Principium quoniam cedendi nulla daret res.

C'est à dire, s'il n'y avoit point de Vuide, rien ne se pourroit mouvoir ; parce que toutes les fois qu'une chose seroit sur le poinct de commencer à se mouvoir, il se rencontreroit toûjours des corps qui feroient obstacle, & qui resisteroient ; de sorte que n'y ayant rien qui cedast, il n'y auroit aussi rien qui pust avancer, ou qui pust en aucune maniere commencer de se mouvoir.

Mais pour mieux entendre cecy ; representez-vous que tout le Monde, s'il n'a aucuns Vuides répandus entre ses parties, doit estre une masse extremement serrée, & compacte, & qui ne sçauroit par consequent recevoir de nouveau le moindre petit corps ; parce que n'y ayant rien qui ne soit plein, il ne reste aucun lieu à remplir, à moins que vous ne vueilliez que les corps se penetrent, ce que vous ne direz pas estre possible naturellement ; representez vous, dis-je, la chose de la sorte, & vous reconnoitrez si de tous les corps qui seront compris dans cette masse, il y en aura aucun qui puisse sortir de son lieu pour s'emparer de celuy d'un autre. Certainement, comme le corps qui doit se mouvoir, trouvera le lieu plein, il faudra qu'il en chasse le corps qui y est; mais où est-ce que celuy-cy pourra se retirer si tout est plein? En chassera-t'il un autre? Mais la mesme difficulté retournera, & ne cessera jamais. C'est pourquoy si ce premier corps ne peut point ceder, ni quitter sa place, le mouvement ne commencera point, & ainsi rien ne se mouvra; de sorte que chaque chose sera d'une telle maniere prise entre les autres, qu'elle ne pourra non plus sortir de sa place, que ces petites coquilles qui naissent, ou se trouvent prises au milieu des rochers.

La reponse à cecy touchant l'Eau, l'Air, & tout autre corps fluide est ordinaire; car on dit qu'un Poisson peut se mouvoir au travers de l'eau, quoy que tout ſoit plein, ou qu'il n'y ait aucuns petits vuides repandus, ſoit entre les particules d'eau, ſoit dans l'air voiſin; parce qu'au moment, & à proportion que le poiſſon avance, il laiſſe en derriere un lieu où l'eau ſe va rendre en circulant par les coſtez, conformement à ce que Lucrece s'objecte à luy-meſme.

Cedere ſquammigeris latices nitentibus aiunt,
Et liquidas aperire vias, quod poſt loca piſces
Linquant, quò poſſint cedentes confluere undæ.

Mais en verité, ce n'eſt pas ſans ſujet que Lucrece ajoûte que tout cela eſt fondé ſur une fauſſe raiſon.

Scilicet id totum falsâ ratione receptum est.

Parce que n'y ayant pas la moindre particule d'eau qui puisse commencer à ceder, ou qui puisse quitter sa place, la difficulté n'est point ostée, & l'on ne voit point comment le poisson puisse commencer à se mouvoir, ni l'eau à circuler : Mais si l'on conçoit qu'il y ait de petits vuides repandus soit dans l'eau, soit dans l'air, l'on conçoit en mesme temps comment les corpuscules d'eau peuvent ceder en s'arrangant, & en se retirant dans les petits espaces voisins, qui estant vuides ne font aucune resistance, & ainsi donnent moyen au mobile de commencer son mouvement.

Nam quò squammigeri poterunt procedere tandem
Ni spatium dederint latices? Concedere porrò
Quò poterunt undæ, cùm pisces ire nequibunt?
Aut igitur motu privandum est corpora quæque,
Aut esse admistum dicendum in rebus Inane,
Unde initium primum capiat res quæque movendi.

Et il est inutile de dire que l'on conçoit aisément dans le Systeme de Ptolomée, comment un Ciel solide peut tourner entre deux autres Cieux qui l'environnent, & qui luy estant parfaitement contigus, n'admettent aucun vuide; car il ne s'agit pas icy du mouvement d'un cercle distinct, & detaché du reste de la masse, & dont les parties soient liées, & adherentes entre elles; mais du mouvement progressif d'un mobile libre, & detaché, tel qu'est un poisson dans l'eau, un oyseau dans l'air, ou un homme au travers de l'air; mais il s'agit du mouvement circulaire de l'eau, & de l'air, dont les parties ne sont point liées ensemble comme celles d'un cercle de fer, ou celles des Spheres solides de Ptolomée.

D'ailleurs, pourquoy veut-on que l'eau, qui est premierement poussée en droite ligne par le poisson, gauchisse, & quitte la ligne droite pour se mouvoir en cercle? Parce que, direz-vous, le premier corpuscule poussé par le Mobile deplacant le second, le second le troisiéme, le troisieme le quatriéme, & ainsi de suite sur la mesme ligne, il faudroit que le deplacement des corps allast à l'infini, ce qui est est impossible, & ridicule. Je sçais bien certes que cela est impossible, & ridicule, & c'est pour cela mesme que nous ne nous engageons pas à soûtenir une chose d'où il devroit suivre un tel inconvenient; mais cette reponse ne resout pas la question; elle ne nous fait point voir pourquoy le poisson poussant en droite ligne, il se doive faire un mouvement circulaire, ou pourquoy estant impossible que ce mouvement droit soit continué, il doive gauchir, & se faire en cercle; cela nous fait bien plûtost voir qu'y ayant de tous costez une resistance infinie à surmonter, le corps demeureroit là arresté sans pouvoir le moins du monde se mouvoir, ou remuer; d'autant plus qu'on peut supposer que le mobile qui fait effort pour se mouvoir sera cubique, & qu'il aura au devant de soy une suite infinie de corps cubiques. Voilà à peu prés en quoy consiste la force de cette raison qui est tirée du mouvement; si ce n'est peut-estre que le mouvement de condensation, & de rarefaction semble rendre encore la chose plus evidente, comme on pourra voir dans le premier Tome de mon Abregé, si l'on veut bien se donner la peine de le lire.

Je ne diray rien de la possibilité absoluë du Vuide, si ce n'est que je ne sçais comment quelques Modernes osent ainsi soûtenir opiniatrement comme ils font, & contre toute raifon, que le Vuide implique contradiction, *comme il implique qu'une montagne foit fans valée*: Il ne faut que lire la 17, & la 18 page de ce Livre pour voir les grands, & dangereux inconveniens où ils tombent.

FIN.

EXTRAIT DU PRIVILEGE du Roy.

PAR Grace & Privilege du Roy, en datte du 16. Juillet 1677. donné à Versailles, Signé D'ALENCE', & scellé du grand Sceau de cire jaune, il est permis au Sieur BERNIER de faire imprimer, vendre, & debiter *l'Abregé de la Philosophie de Gassendi*, durant le temps de quinze années, avec defenses à toutes personnes de quelque qualité qu'elles soient, d'imprimer, vendre, & debiter d'autres impressions que celles dudit Sieur BERNIER ou de ceux qui auront son droit, à peine de confiscation des Exemplaires, & des autres peines contenuës dans ledit Privilege.

Registré sur le Livre de la Communauté des Libraires & Imprimeurs de Paris le 21. Iuillet 1677. Signé COUTEROT Syndic.

Et ledit Sieur BERNIER a cedé son Privilege aux Sieurs ANISSON, & POSUEL Libraires à Lyon, pour en joüir suivant l'accord fait entre eux. Et le Sr. Anisson a consenti que Mr. Bernier fasse imprimer un petit Traité intitulé, *Doutes sur quelques-uns des principaux Chapitres de l'Abregé de ladite Philosophie de Gassendi*, sans pourtant consentir à l'impression entiere ou partie d'iceluy Abregé.

LA BESTE DEGRADÉE EN MACHINE,

Divisé en deux Diſcours

PAR

J. M. DARMANSON,

Profeſſ. en Philoſ. dans l'Academie de Francfort ſur l'Oder.

Anima eorum in ſanguine. Levit. 17.

A AMSTERDAM,

Pour l'Autheur MDC XCI.

APPROBATIO.

Facultas Theologica quæ est Franekeræ examinavit Tractatum Gallicum dictum la Bête Degradée en Machine, Conference premiere, nihilque in ea offendit, quod ulli Dogmati in formulis confessus expresso adverſetur; quapropter edi poteſt convenienter Belgicarum Eccleſiarum legibus. Franekeræ Friſiorum x *Kal* XII. *Ann.* CIϽ IϽC XXCIII.

Juſſu Facultatis

J. V. WAEYEN,
S. S. T. D. & P. V. D. M.
Acad. & Sereniſſ. Naſſaviæ Principis à Sanctoribus Conſiliis.

A SA

SERENITE' ELECTORALE

MONSEIGNEUR

L'ELECTEUR

DE

BRANDEBOURG.

MONSEIGNEUR,

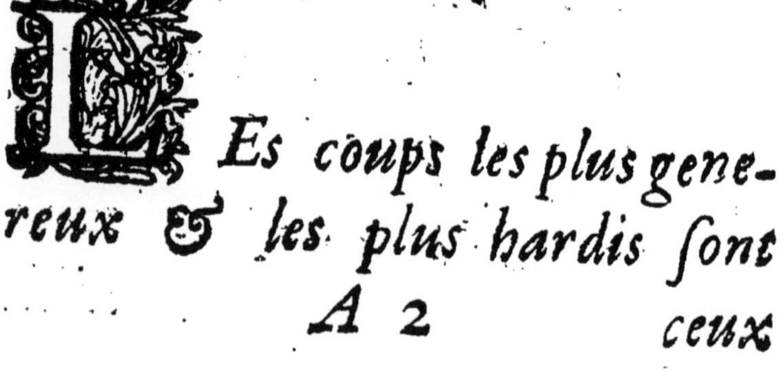

Es coups les plus gene-reux & les plus hardis ſont

ceux qui ſont à preſent le plus de ſaiſon & plus au gouſt de VOTRE SERERITE' ELECTORALE. C'eſt ce qui me perſuade, que ce Livre que je prend la liberté de luy preſenter ne luy ſera pas desagreable. C'eſt un petit temeraire, qui a eu l'audace de declarer la guerre au ſentiment de tous les ſiecles, & à l'opinion de tout les grands hommes qui ont precedé Mr. Deſcartes, en leur demontrant par les endroits les plus infaillibles de la Theologie, & les plus invincibles

cibles de la Philoſophie, que leurs prejugez, qui attribuent aux beſtes une ame capable de connoiſſances & de paſſions, attaquent, par leurs conſequences, les premiers principes de la Religion & de la Morale, en fourniſſant aux Athées & aux Libertins de dangereuſes armes, contre l'exiſtence de Dieu & l'immortalité de noſtre ame. Il retourne du combat, MONSEIGNEUR, *aprés les avoir fait ſuccomber ſous les efforts de ſes armes, ſelon le ſentiment d'une illuſtre faculté de Theologie, & chargé de leurs dépoüilles, il vient s'acquiter d'un devoir indispensable, qui est de les apporter aux pieds de V. S. E. en luy presentant la Béte Degradée en machine: puis que toutes les pensées de son Auteur vous doivent estre devouées,* MONSEIGNEUR, *depuis que vous l'avés honnoré de la qualité de Professeur en Philosophie dans vostre Academie de Francfort, & de Recteur du College des François refugiez, lors qu'il y sera etabli. Ce petit*

tit Athlete estant invité de rentrer une seconde fois dans la carriere ; il supplie tres-humblement V. S. E. de luy accorder l'honneur de vôtre protection. S'il peut se glorifier d'un si considerable avantage, MONSEIGNEUR, *il na rien à craindre ; puis qu'il aura encor l'honneur de combattre sous les étandards d'un des plus vaillants Princes du monde, qui non seulement, comme un autre Josué, peut se vanter d'avoir arreté le Soleil dans sa course :*

 mais

mais par un nouveau miracle de l'avoir chassé de plusieurs endroits, où l'irregularité de son cours l'avoit transporté, & où la rapidité & la violence de ses mouvemens dereglez avoient embrazées les demeures de plusieurs de ses voisins. Il tramble encor à l'eclat des armes foudroiantes, dont la Religion & la Justice ont armé V. S. E., & apprehande, qu'apres l'avoir corrigé de toutes ses erreurs, vous ne le resserriez enfin dans les bornes de son Zodiaque. Ce sont les vœux les plus

plus ardents de toute l'Europe, & ceux particulierement de celuy qui est avec tout le zele, les respects & la reconnoissance imaginables.

MONSEIGNEUR,

De Vôtre SERENITE' ELECTORALE.

Le tres-humble tres-obeissant & tres obligé Serviteur,

J. M. DARMANSON.

AVERTISSEMENT.

CE qui a obligé l'Auteur de ce petit Ouvrage de le donner au public en François, plustost qu'en Latin, comme c'estoit son premier dessein, est qu'un Philosophe, qui s'est acquis en Hollande quelque reputation, ayant fait des efforts extraordinaires pour le faire passer dans l'esprit de tout le monde pour un livret rempli de sentimens dangereux; l'Auteur à jugé à propos, pour le justifier de ces calomnies, non seulement d'avoir recours aux approbations d'une faculté de Theologie, qui les luy a accordées sans contredit: mais aussi de le rendre public en une Langue qui puisse estre entenduë de toute sorte de personnes.

PRE-

PREMIER DISCOURS.

Les deſordres de l'opinion commune qui admet dans la Bête une Ame capable de Connoiſſance & de Paſſions.

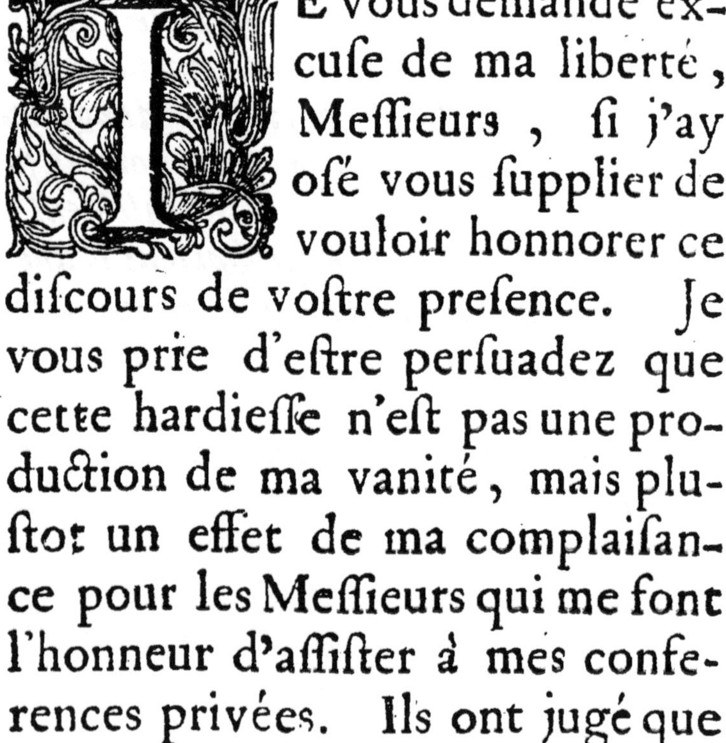

JE vous demande excuſe de ma liberté, Meſſieurs, ſi j'ay oſé vous ſupplier de vouloir honnorer ce diſcours de voſtre preſence. Je vous prie d'eſtre perſuadez que cette hardieſſe n'eſt pas une production de ma vanité, mais pluſtot un effet de ma complaiſance pour les Meſſieurs qui me font l'honneur d'aſſiſter à mes conferences privées. Ils ont jugé que celle-cy traittoit une matiere aſſez curieuſe, aſſez importante &

 d'une

d'une maniere aſſez ſolide, pour meriter une attention publique, & quoy-qu'elle combattit les ſentimens prèque de tous les hommes (en s'oppoſant à l'opinion commune touchant la connoiſſance & les paſſions qu'on attribuë aux Bêtes, & ſoutenant qu'elle ſert de fondement aux erreurs les plus impiës & les plus libertines, & que toutes leurs operations ne ſe font pas des mouvemens purement mécaniques ;) que ſes Concluſions cependant ne manqueront pas d'attirer les applaudiſſemens de la pieté des ſçavans, auſſi bien que de leur raiſon ; appellant à ſon ſecours ce que la Theologie a de plus ſaint, & ce que la Philoſophie à de plus clair, de de plus solide & de plus demonstratif.

Je sçay que prêque tout le monde me dira d'abord qu'il est êtonnant, que l'erreur de ceux qui sont d'opinion contraire à la nôtre ait attiré à son party la crôiance de tous les siécles, & le sentiment de tous les Grands hommes qui ont précedé Monsr. Descartes : Mais la durée, non plus que l'êtenduë de cette erreur ne sont pas plus dignes d'étonnement que le peché qui en est le principe : il a commencé prêque avec le Monde, il a repandu sa contagion sur tous les hommes, & son infection & son Empire ne cesseront jamais, si long-temps qu'il y aura des hommes sur la ter-

terre, qui ſeront toûjours la proie pitoiable de ſa tyranie & de ſa violence.

Depuis le peché la verité n'eſt pas plus commune dans l'ordre des choſes ſpirituelles que les pierreries & les precieux métaux dans l'ordre des ſubſtances corporelles; on dit d'ordinaire que la nature en eſt avare; elle ne nous les diſtribuë qu'en tres-petite quantité, encore après avoir exigé de nous des travaux inconcevables. Combien de temps ſommes nous demeurés dans l'ignorance du nouveau Monde, qui eſt cependant un des plus riches païs de la Terre. Il eſt vray qu'un Philoſophe aſſura autrefois qu'il y avoit des Antipodes; mais ſon opinion ne ne ſubſiſta pas long-temps, elle fùt étouffée dés ſa naiſſance, elle attira auſſi-toſt ſur elle les foudres du Vatican: Et les Papes qui ſe flattent orgueilleuſement du privilege d'infaillibilité, auſſi bien que de celuy de pouvoir preſcrire des loix à la croyance de tous les peuples, fulminerent Anathême contre tous ceux qui oſeroient adherer à ſes ſentimens. Mais ſi nous avons découvert la vanité de leurs titres orgueilleux avec la découverte de ce beau païs qui a ſi fort enrichi les noſtres; il eſt vray que nous ne le depouillons de ſes thréſors qu'aux depends d'une infinité de travaux: Il nous faut expoſer à la diſcretion des orages & des tem-

tempétes, il nous faut descendre dans les entrailles de la terre avec des fatigues inconcevables, ensorte qu'elles ont déja couté la vie de plusieurs millions de personnes. Les perles qu'il nous fournit ne nous coûtent pas moins de peine, il faut les chercher dans le fond des eaux & dans les abîmes de la mer, en un mot tout ce qui est excellent est fort rare & coûte beaucoup de peine.

Cessons donc de nous étonner Messrs. si la verité, qui est le diamant, la perle, & l'or du monde spirituël, est si rare & difficile à dêcouvrir, & si une infinité de personnes suivent les routes de l'erreur, pendant qu'un tres petit

tit nombre de gens dêcouvrent le ſentier de la vérité, dans les ſciences ſpeculatives, auſſi bien que dans celles qui toûchent la morale. Eſt ce que celles-là, qui n'ont ſouvant que la curioſité pour principe, auront plus de privileges que celles-cy, deſquelles depend l'éternité de noſtre bon-heur ou de noſtre malheur: ſi nous conſultons l'Evangile nous ſerons convaincus par l'infaillibilité de ſes Oracles, que le menſonge a bien plus de partiſans que la vèrité n'a de ſectateurs; que la voie que nous devons ſuivre pour la dêcouvrir eſt fort difficile & fort étroite, que peu de perſonnes y entrent, & qu'au contraire, celle du menſonge eſtant fort

fort ſpatieuſe & fort aiſée la plus part du monde la ſuivent aveuglement, attirez par les ſeuls attraits de la volupté & du plaiſir. Si nous remontons juſqu'à Moyſe, nous verrons encore la vérité bien plus maltraittée que du tems de Jeſus Chriſt; Car elle eſtoit pour lors entierement banie de la terre & effacée du cœur des hommes, & pour l'y rétablir il en coûta beaucoup de peines & de travaux à ce Prophete: Il falut qu'il ſe ſeparât de la foule du peuple, qu'il montât ſur le ſommet d'une montagne d'un accés tres-difficile, & qu'il ſe diſposât par des prieres, des jeûnes, & des macerations tres-rigoureuſes, à obtenir cette grace de Dieu.

C'eſt

C'est dans un estat semblable que nous avons trouvé la Philosophie, de nôtre temps; car que devons nous attendre de celle qui établit pour principe de connoissances, la plus corrompuë de toutes les maximes, en osant avancer, avec autant d'assûrance que de fausseté, comme un premier principe connu par luy même & incontestable, qu'il n'y a rien dans nqtre entendement, qui n'ait auparavant passé par nos sens: *nihil est in intellectu quod non præfuerit in sensu*: comdamnant ainsi, nostre esprit & toutes nos connoissances à une captivité honteuse sous la tyrannic des sens trompeurs. Les illusions & le danger de ce faux principe ont fait

fait le ſujet d'un de mes entretiens, c'eſt pourquoy je n'en dis rien icy davantage. Ce n'eſt donc pas Mrs. en ſuivant la troupe du commun des Philoſophes qui n'ont point d'autres raiſons pour nous engager à les ſuivre, que l'anciéneté & le droit d'aineſſe, qui ne peuvent nous préſcrire aucun devoir dans les Sciences naturelles; mais en marchant ſur les pas du Reſtaurateur de la Philoſophie, & du Genie de la Nature, je veux dire de Monſr. Deſcartes, qui s'eſt juſtement merité ces titres glorieux, en ſe dègageant de la foule des opinions communes, & nous monſtrant les véritables ſentiers que nous devons ſuivre pour parvenir à l'heul'heureuſe dêcouverte de la vérité. C'eſt, dis-je, ſur ſes principes que je prétend appuyer la vérité de ce diſcours & vous demonſtrer.

Premierement l'erreur & le danger de l'opinion commune, qui admét une Ame dans les Beſtes capable de connoiſſance & de toutes les paſſions qu'elle leur attribuë.

Secondement établir la vérité des ſentimens contraires, qui les prive de toute ſorte de connoiſſances & de paſſions & ne reconnoit point d'autre principe de toutes leurs operations, ſelon que l'Ecriture Ste. nous le preſcrit, que les diverſes agitations de leur ſang. *Anima eorum in ſanguine;* Ce que je feray voir d'une ma-

maniere ſi évidente & ſi, Chrêtienne, que j'eſpere que vous accorderez ſans repugnance l'honneur de voſtre approbation aux Concluſions de cette Conferance.

PREMIERE PARTIE.

Danger de l'opinion Commune.

C'eſt un ſentiment ſi univerſellement receû parmy tous les Chrêtiens, que l'Exiſtance d'un Dieu ou d'un Eſtre infiniment parfait, & l'Immortalité de nôtre Ame ſont les premiers fondemens de la veritable Religion, que s'il ſe trouve quelque impie qui oſe en douter, il eſt avec beaucoup de raiſon en horreur à tout le monde; ce ſont en effet les deux poles qui la ſoutiennent & ſur leſquels elle roule, enſorte que ſi l'un ou l'autre vient à échaper, Adieu, tout eſt dans le deſordre & elle eſt dans un danger évident de ſa ruine. Ces véritez, dis-je, ſervent d'eguille & de gouvernail à ſa navigation; ſi elle vient à les perdre, elle eſt expoſée au gré des vents & des tempeſtes, elle ne peut plus ſe deffendre des rochers & des écueuils & elle n'a plus devant

devant les yeux que le deſeſpoir d'un naufrage inévitable.

Pour donc reüſſir dans le deſſein que j'entreprend de ruïner l'opinion commune toûchant la connoiſſance des Bêtes, je ne puis me ſervir d'un moyen plus efficace qu'en demonſtrant que cette erreur entraine après elle par des conſequances claires & evidentes, ces deux concluſions terrifiantes, & dont l'horreur eſt capable de faire trembler tous ceux qui ont quelque ſentiment de piété.

La premiere eſt. Que ſi la Bête eſt capable de connoiſſance & de paſſions, il n'y a point de Dieu.

La ſeconde eſt, que ſi l'Ame de la Bête eſt mortelle, la nôtre n'eſt pas immortelle.

Ce n'eſt pas que l'on puiſſe conclure Mrs. que ceux qui ſont de l'opinion commune touchant la connoiſſance des Bêtes, puiſſent eſtre ſoubçonnez d'eſtre infectez de ces pernicieuſes conſequances: car il y a bien de la difference entre

tre admettre un principe, & estre fauteur de toutes les conclusions erronées que l'on en peut tirer: mais au reste, la vérité n'est pas contraire à elle même, elle ne peut servir de fondement au mensonge, & c'est un témoignage assuré de la fausseté d'une opinion, lors qu'elle nous entraine par des consequances necessaires, dans l'abîme de l'impieté & dans le precipice des plus grandes erreurs.

La necessité de l'existence d'un Dieu & d'un Estre souverainement parfait à fait la matiere d'une de mes Conferances: je croy y avoir établi demonstrativement cette verité par les naisons necessaires que j'ay fait voir qu'elle avoit avec ces autres véritez incontestables

> Que de rien on ne peut rien faire:
> Qu'un effet doit avoir une cause qui le contienne formellemnnt ou éminemment.

Entant que nous ne pouvons dêcouvrir que dans Dieu même la cause de l'idée & de la Connoissance que nous en avons & qui est commune à toutes les substances intelligentes, comme je l'ay démontré ailleurs.

S'il est donc véritable que Dieu soit un Estre qui possede necessairement dans un degré souverain toutes les perfections infinies, en sorte que l'on n'y peut rien diminuer n'y adjoûter sans le dètruire, il faut conclure que l'opinion commune qui admet dans les Bêtes une Ame capable de connoissance, & de toutes les passions qu'elle leur attribuë, nous faisant

* Premierement un Dien sans un amour & sans un Zele infiny de sa Gloire.

Secondement un Dieu inconstant & sans sagesse.

Troisiemement un Dieu cruel & sans justice.

Détruit par consequant cet Estre infiny, c'est ce qu'il faut vous faire voir.

C'est un sentiment commun à la Philosophie comme à la Theologie : *Que Dieu se connoist & s'aime infiniment par*

* Subdivision du premiére membre.

par la necessité de son Estre. C'est là le fondement de tous nos mysteres, je veux dire, de celuy de l'adorable Trinité, de l'Incarnation du Verbe, de la Création du monde & de l'economie de toute la Religion.

L'Entendement de Dieu est d'une capacité infinie, il doit necessairement avoir un objet proportionné à l'immensité de cette étenduë; Il ne peut rien trouver hors de ses propres perfections qui puisse y répondre: & entant qu'il les considere: il en engendre necessairement un terme subsistant, un fils, un verbe & une personne en tout semblable à luy-même.

Ce Dieu en toutes choses infini, ayant une volonté d'une étenduë qui n'est pas moins vaste que son Entendement: il n'y a que son fils qui puisse fournir un digne exercice à la capacité infinie de son amour, & en remplir l'étenduë, puis qu'il est l'Image achevée, le miroir éclatant & la splendeur Eternelle de ses prefections infinies : * Et entant que ce Fils bienaimé aime également celuy de qui il reçoit l'Excellence de son Estre. De cet Amour reciproque de ces deux Adorables personnes, il procede aussy necssairement un troisieme terme subsistant & un St. Esprit qui par sa procession divine sert de complement à cet adorable mystere.

Il est donc aussi necessaire que Dieu se connoisse & s'aime infiniment, qu'il est necessaire qu'il y ait trois personnes en Dieu que ne sont que les termes subsistans de cette Connoissance & de cet Amour.

Il est donc evident, par une necessité de consequance aussi infaillible que son principe, qu'il ne peut avoir d'autre objet de ses operations, que celuy de sa propre Gloire. C'est aussi-là le motif de tous ses desseins & qui donne le branle à tous ses ouvrages : C'est pourquoy voulant se procurer un honneur parfaitement digne de sa Grandeur, je veux dire une Gloire infinie, & consultant sa sagesse sur l'accomplissement de ses

* procession du St. Esprit.

ses desirs : cette Divine sagesse remplie d'amour pour celuy dont elle reçoit l'Estre pat une Géneration Eternelle, ne voyant rien dans toutes les Creatures possibles, dont elle renferme toutes les idées intelligibles, qui soit digne de la Majesté de son Pere, s'offre elle-méme pour établir en son honneur un culte Eternel, & comme Souverain prestre luy offre une victime qui, par la dignité infinie de sa personne, est capable de satisfaire aux inclinations de sa Gloire. Mais comme l'abaissement est contraire à sa nature, estant en tout esgal à son Pere, il a besoin de s'unir à une créature, pour accomplir ce grand ouvrage qu'il prepare à sa gloire : Voila Mrs. le veritable motif qui l'oblige à créer le monde & à le tirer des abimes du néant. C'est aussi pour cette raison que Jesus-Christ, quoy que né dans la plenitude des temps est cependant appellé l'ainé des créatures ; & si ce monde a esté créé long temps auparavant sa génération temporelle, c'est que Dieu devoit preparer un Temple à l'immolation de cette ſacrée victime, & ce n'eſt qu'en veuë de la gloire infinie qui luy en reviendra qu'il ſe determine à créer ce grand ouvrage: car quoy qu'il ſoit ſort admirable en luy-même, ſi vous le ſeparez de Jeſus-Chriſt, il ne peut répondre à la Majeſté de l'action qui le produit: Car c'eſt l'action d'un Dieu, ſon merite eſt donc par conſequent d'une dignité infinie: Mais ſi vous joignez Jeſus-Chriſt à ſon Egliſe & l'Egliſe au reſte du monde dont elle eſt tirée, vous eleverez pour lors à la grandeur de Dieu un Temple digne de la Majeſté de ſon Auteur.

Ayant ainſi établi ſur des principes ſi ſaincts & ſi ſacrez la grandeur de l'amour que Dieu à pour luy-même & le zele de ſon honneur & de ſa Gloire, il eſt facile de faire paroiſtre le deſordre de l'opinion commune qui admet dans les Beſtes une Ame capable de connoiſſance & d'amour. Ellé dit, par exemple, qu'un chien connoit ſon maitre, qu'il qu'il aime ſon maitre, qu'il aime le boire, le manger & tout ce qui peut ſervir à ſa conſervation, & cependant cette Ame capable de connoiſſance & d'amour, ne connoiſt pas ſon Dieu, elle n'aime pas ſon Dieu.

Ou bien cette Ame eſt dans l'ordre ou bien elle eſt dans le deſordre : elle n'eſt pas dans le deſordre puis qu'elle eſt telle qu'elle eſt ſortie des mains de Dieu, donc elle eſt dans l'ordre : donc Dieu la diſpenſe des loix de ſa connoiſſance & de ſon amour, donc Dieu ne s'aime pas neceſſairement d'un amour infini, & n'a pas un Zele infini de ſa gloire qui ne luy permettroit pas de telle diſpenſe : pouſſons ce raiſonnement & faiſons en voir l'evidence.

C'eſt le ſentiment commun de toute la Théologie fondée ſur les principes que j'ay établis cy-deſſus. que Dieu ne peut nous permettre le peché non plus que nous diſpenſer des loix de ſon amour : Mais qu'eſt-ce que le peché ? ce n'eſt rien autre choſe que l'amour de la creature à l'exclusion de l'amour du Createur: *Est aversio à Deo & conversio ad Creaturam* : Ou selon St. Augustin, le peché est le desordre que nous commettons lors que nous voulons établir nostre felicité & nostre bonheur dans la possession des creatures qui ne doivent nous servir que pour nous conduire à Dieu, & nous servir de Dieu tout au contraire pour parvenir à la possession des creatures, *Est uti fruendis & frui utendis.* Vous appercevez sans doute, Mrs. que l'opinion commune veut que Dieu permette à la Beste innocente tout ce qu'il est obligé de nous deffendre par la necessité des loix de son amour: Il leur est permis de ne rechercher que la creature, de n'aimer que leur corps & tout ce qui sert à son avantage ; il leur est permis de n'aimer que le boire, le manger, le dormir, & de ne craindre que ce qui peut les en priver ; enfin il leur est permis de faire servir Dieu à leurs plaisirs & à la passion qu'ils ont de parvenir à la joüissance des crea-

creatures & d'y constituer toute leur felicité & leur bonheur, ce qui fait cependant tout le desordre de la creature raisonnable, *peccatum est uti fruendis & frui utendis*; Les créatures doivent nous servir de moyens pour parvenir à la possession du Createur, & nous nous servons du Createur tout au contraire pour nous acquerir la possession des creatures, voila le peché, voila le desordre, *peccatum est uti fruendis & frui utendis*; Ces loix ne sont point pour la Beste, elle peut se soumettre innocemment à la loy de ses membres, que St. Paul dètestoit dans les siens, & qui luy faisoit dire en gemissant, je ressens une loy dans mes membres qui s'oppose à la loy de mon esprit, & qui fait effort pour me rendre esclave sous la Tirannie du peché. On peut dire d'elles dans l'estat de leur innocence, ce que l'Ecriture reproche aux impies & aux libertins dans leurs debauches, qu'ils font leur Dieu de leur ventre, *quorum Deus venter est.*

Si cela est véritable, Mrs. il faut

dire adieu à toutes les raiſons dont l'Egliſe s'eſt toûjours ſervie pour prouver la peché originel, la corruption de la nature par concupiſcence, & la neceſſité d'un Mediateur, puis qu'il ſe peut faire que nôtre nature n'eſt pas dans le deſordre, Dieu ayant pû la créer en l'eſtat où nous la voions : Donc Dieu peut nous diſpenſer des loix de ſon amour & nous permettre le peché ; Donc il ne s'aime pas neceſſairement d'un amour infini, qui ne luy permettroit pas cette diſpenſe ; Donc le Myſtere de la Trinité fondé ſur ce principe, n'eſt qu'illuſion & phantome ; Donc Jeſus-Chriſt peut paſſer pour un impoſteur, & l'Ecriture ſaincte pour un paradoxe. Ah! ſans doute que ces conſequences, tirées neceſſairement de l'opinion commune touchant la connoiſſance des Beſtes, vous font horreur, ayez donc horreur de leur principe qui vous y entraine par des conſequences neceſſaires.

Je m'apperçois bien de la réponſe que l'on nous fera auſſi-toſt ; on nous dira ra sans-doute que nous allons trop vîte & qu'il y a bien de la difference entre l'ame d'une homme & celle d'une Bête, que celle d'un homme est d'une capacité bien plus vaste & plus étenduë, qu'elle a esté créée à l'image de Dieu, capable de le connoître, de l'aimer & de le posseder; mais que l'ame de la bête ne luy à esté donnée que pour veiller au gouvernement & à la conservation de son corps, c'est pourquoy elle est mortelle & périt avec celuy pour la séule conservation duquel elle subsistoit. C'est icy où je les attends, Messieurs *Abissus abissum invocat*, un Abime appelle un autre abime à son secours, se voulant tirer d'un precipice, ils retombent necessairement dans un autre : ils veulent par cette réponse restituer à Dieu l'amour & la gloire qu'ils luy ont ôtée, & ils luy dérobent sa sagesse infinie, qui éclatte d'une maniere admirable dans le gouvernement des creatures, en y introduisant le plus grand de tous les desordres,

Ils tombent d'accord que l'Ame d'une Bête est plus noble que le corps qu'elle anime, & ils ont raison, supposé qu'elle en ait une, & St. Augustin a sujet d'avancer comme il fait dans plusieurs endroits de ses ouvrages, que l'Ame de la moindre de toutes les Bêtes est plus excellente que le plus noble de tous les corps, puis que la raison démontre que le corps ne peut ny connoître ny aimer, & que la douleur, la joye, la tristesse ne peuvent estre des modifications des corps. L'Ame d'une Bête qui est susceptible de connoissance, d'amour, de haine, de joye, de tristesse, de plaisir, de douleur, n'est donc point un corps; mais une substance plus noble que le corps qu'elle anime: elle n'est cependant créée que pour son corps; Dieu par consequant introduit le desordre dans la nature, en faisant le plus noble pour le moins noble, l'ame d'une Bête, selon leur sentiment n'ayant point d'autre fin, ny d'autre felicité, que la joüissance des plaisirs du corps

avec

avec lequel elle périt & eſt anéantie.

Je voudrois bien ſçavoir quel ſentiment ces Mrs. auroient de la conduite de Dieu, ſi dans la premiere inſtitution des choſes & avant le dereglement de la nature humaine par le peché, il avoit ſoûmis l'homme à la Bête avec autant de dependance, qu'ils veulent que l'ame d'une Bête en ait pour ſon corps, enſorte, qu'une Bête venant à mourir, l'homme qui auroit eſté deſtiné à ſa conſervation & à ſon ſervice periroit en même temps & ſeroit anéanti, comme on veut que l'ame d'une Bete le ſoit lors que ſon corps vient à mourir. Sans doute qu'ils n'approuveroient pas cette conduite, & ce ne ſeroit pas ſans fondement qu'ils reprocheroient à Dieu, qu'une diſpoſition ſemblable peche contre les loix d'une ſageſſe infinie: Mais qu'ils prennent garde que la diſtance qu'il y a entre la dignité de l'ame d'une Bête & la baſſeſſe de ſon corps, eſt bien plus conſiderable que

 celle

celle qui ſe retrouve entre l'homme & la Bête puis qu'ils avoüent qu'il y a beaucoup de rapport entre l'ame des Bêtes & celle des hommes, mais entre une ame & un corps il n'y en a aucun, comme je le feray voir plus bas; & ainſi la ſageſſe de Dieu ne ſeroit pas moins répréhenſible en faiſant dependre l'ame d'une Bête de ſon corps, qu'en ſoumettant l'homme dans l'état d'innocence à l'ame d'une Bête.

S'Il eſtoit véritable qu'une Bête eut une Ame qui dependît entierement de ſon corps, il ſe pourroit faire que les Pelagiens auroient eu raiſon de ſoutenir que la nature n'eſt pas corrompuë par le peché, que la concupiſcence qui ſoumet nôtre Eſprit à nôtre corps eſt naturelle, qu'il n'y a point de peché originel, & que nous pouvons par conſequent couler une vie licentieuſe & libertine, dans les plaiſirs & les delices, & renverſer ainſi tout le deſſein de l'Evangile, qui eſt d'établir une vie mortifiée & penitente, & deſarmer ainſi l'E-

gliſe

gliſe de la plus puiſſante de toutes les raiſons qu'elle aporte pour prouver la propagation du peché originel & la neceſſité d'un Mediateur entre Dieu & les hommes, puis qu'elle l'emprunte de cette doctrine, quoi qu'elle ait toûjours eſté efficace dans la bouche & dans les écrits de St. Auguſtin pour triompher de ces Hérétiques & de tous leurs Sectateurs.

Et que l'on ne nous diſe point pour guérir ces deſordres, que l'on introduit dans la nature en admettant une Ame dans les Bêtes, Que tout les animaux ont eſté créez pour l'homme qui eſt beaucoup plus excellent, & que Dieu ne leur a donné une Ame qu'entant qu'elles ont rapport à luy. Cette penſée dans le ſens qu'on luy donne eſt ridicule, & ne peut partir que d'un grand fond d'ignorance ou de vanité: Ne ſçait on pas qu'il y a un grand nombre d'animaux qui ne nous rendent aucun ſervice, & qui par leur petiteſſe ſe derobent entierement à nôtre veuë, & qu'il y en a beau-

beaucoup plus de cette nature que d'autres.

Mais je veux que tous les animaux ayent esté créez pour l'homme, est-il absolument necessaire de leur donner une Ame pour en pouvoir tirer du service? Si j'ay besoin d'un Cheval pour me porter ou pour labourer la terre, ce n'est pas son Ame qui me porte, n'y qui laboure, c'est son corps; si je mange d'un chapon, ce n'est pas son ame qui me nourrit c'est son corps; si donc les animaux peuvent faire toutes ces choses sans Ame, comme nous le montrerons cy-aprés, à quoy bon leur en donner une, *frustra fit per plura quod potest fieri per pauciora*; car il est de la sagesse de Dieu de ne rien faire d'inutile dans la nature, & de ne pas sacrifier au service du corps de l'homme les Ames d'une infinité d'animaux, qui sont beaucoup plus excellentes que les plus nobles de tous les corps.

Ce seroit faire injure à la puissance infinie de Dieu, de luy disputer le pouvoir

voir de créer des Bêtes sans Ame, qui cependant agiront de la même maniere que les autres à qui l'on veut en donner: il est certain qu'il agiroit pour lors d'une maniere plus simple & par consequent plus conforme à sa sagesse infinie. Nous pouvons donc couclure qu'il les a toutes faites de la sorte n'ayant aucun fondement raisonnable de croire qu'il leur ait donné une Ame; tout ce que l'on en dit n'estant fondé que sur de faux préjugez; Que diriez vous d'une pesronne qui n'ayant aucun autre dessein que d'aller d'icy à Paris passeroit par le Dannemarck & s'éloigneroit ainsi de trois à quatre cens Lieuës de son droit chemin; D'une personne qui n'ayant besoin que de trois à quatre aûnes d'etoffe pour se faire un habit, en emploieroit 9. ou 10. & dont la superfluité ne feroit que l'ambarasser & le faire passer pour ridicule? L'on fait agir Dieu d'une maniere aussi deraisonnable, quand on veut qu'il ait donné une Ame aux Bêtes pour mouvoir leur corps, qui ne sert quà empecher la facili-

té que

té que nous avons de rendre raiſon de toutes leurs operations ſans avoir recours à autre choſe qu'aux diverſes agitations de leur ſang.

Le ſyſtême de Ptolomée à paru deraiſonnable à ceux qui ont honnoré mes Conferences Phyſiques de leur preſance; leur faiſant voir que cet Aſtronome pour ne donner aucune atteinte au repos de la Terre, qu'il luy plait de placer au centre du monde, pour rendre cependant raiſon de la viciſſitude & de la difference des jours & des nuits, des climats, des ſaiſons & des diverſes apparences des Aſtres, il nous fait une ſuppoſition qui non ſeulement eſt contraire à l'experience; mais qui detruit Neceſſairement par elle même tout ce qu'il prétend établir. Il ſuppoſe des Cieux de Libration & de Trépidation; que le premier quoy que d'une etenduë ſi énorme que la Terre à ſon égard n'eſt qu'un point, acheve cependant en 24 heures ſon cours autour de cette Terre d'Orient en Occident, emportant avec ſoy,

par

par la rapidité d'un mouvement épouvantable, toutes les ſpheres inferieures, excepté celles des planetes ; leſquelles quoy que beaucoup moindres en mouvement & en grandeur, ſe meuvent d'Occident en Orient, & que noſtre Terre demeure immobile au milieu de tous ces mouvemens, quoy qu'environnée de tous côtez par un Element tres-fluide qui doit neceſſairement ſuivre le cours de la matiere ſuperieure : Et tout cela ſans en pouvoir donner aucune raiſon, en ſorte qu'il eſt obligé d'avoir recours à des Intelligences, deſquelles il n'a pas ſans-doute mieux compris la nature, que celle du mouvement, & dont les regles tres-ſimples combatent entierement ce ſyſteme.

L'on agit d'une maniere auſſi ridicule que ce Philoſophe, lors que pour expliquer les actions & les mouvemens des Bêtes, on a recours à une ame, à laquelle nous n'accorderons jamais le pouvoir de mouvoir un corps par elle même, ſi nous en comprenons bien la nature, auſſi-

aussi bien que celle du corps, & il est bien plus difficile d'expliquer comment un corps se meut par le moyen d'une Ame, que de l'expliquer séparement de cettte Ame.

Sans-doute que le systeme duquel nous nous sommes servi pour expliquer la formation du Monde, des Cieux, de la Terre, des Astres, de leur mouvemens, & de tous les Phénomenes de la nature, vous a paru beaucoup plus raisonnable que l'ancien, parce qu'il est beaucoup plus simple, plus intelligible, & plus facile, & par consequant plus conforme à la sagesse infinie de Dieu qui la créé, & qui est d'autant plus admirable, que par des moyens plus simples, Elle fait des choses plus merveilleuses.

Pourquoy donc voulons-nous que Dieu pour faire mouvoir un corps qui peut facilement se mouvoir par luy-même, luy ait donné une Ame, qu'il sera obligé de dêtruire & d'anéantir avec la destruction de son corps, ce qui pourroit le faire accuser d'inconstance, les lumie-

res

res de la ſageſſe ne luy permettant pas de ſemblables anéantiſſemens ; auſſi bien que d'injuſtice & de cruauté, ſi l'opinion commune eſtoit véritable, qui veut que les Bêſtes ſoient capable de douleur.

Sans-doute que l'on n'a pas bien examiné ny compris les ſuites, ny les conſequances de ce grand principe de Théologie :

> Que ſous un Dieu Juſte, perſonne ne peut eſtre miſerable ſans l'avoir merité.

C'eſt ſur ce fondement inébranlable que-l'on établit la vérité de quelques-uns des principaux Myſteres de la Religion ; mais qui tombent abſolument en ruïne, ſi la Bête eſt capable de douleur ; puiſque cette opinion entraine neceſſairement aprés ſoy la fauſſeté de ce principe. Car ſi elles ſont capables de douleur, elles peuvent eſtre malheureuſes: & elles ſont inégalement malheureuſes, quoy qu'elles ſoient également innocentes, puiſque n'ayant point de liberté, elles ne peuvent en faire un mau-

mauvais uſage. Encore trouveroit-on le moyen d'exemter Dieu de cruauté & d'injuſtice à leur égard, ſi elles avoient quelque recompenſe à attendre aprés leur mort, pour les maux qu'elles auroient ſouffert en cette vie. Mais, Helas! La mort ferme la porte à toutes leurs eſperances, les privant de la vie de leur Ame auſſi bien que de celle de leur corps. Elles y perdent toutes choſes, malgré toute leur innocence, les peines & les travaux qu'elles ont enduré pendant tous les momens de leur vie? Ah, mon Dieu! que ces ſentimens ſont cruels & deraiſonnables! ô qu'ils ſont injurieux à voſtre juſtice & à vôſtre bonté infinie! qu'ils vous deplaiſent dans le cœur de ceux que vous comblez à tous momens de vos bienfaits! & à qui, par les purs effets d'une bonté gratuite & d'une miſericorde infinie vous promettez la poſſeſſion de la Gloire, quoy que par l'enormité de leurs pechez, ils meriteroient de reſſentir les dernieres rigueurs de vôtre colere. Y en auroit-il d'aſſez injuſtes & d'aſſez d'aſſez deraiſonnables pour me répondre que Dieu peut fairé à la Bête tout ce qu'il luy plaira: pourveu qu'à l'égard de l'homme il obſerve les loix de ſa juſtice. Mais qu'ils ſçachent que Dieu doit rendre juſtice à toutes ſes creaturcs, & qu'il n'y a que celles qui ſont capables de devenir criminelles, qui puiſſent eſtre malheureuſes.

L'injuſtice de leur réponſe, qui ne peut partir que d'un grand fond d'orgueuil qui les enyvre d'un haut ſentiment d'eux-mêmes par un ſi grand mépris des autres créatures, paroîtra mieux dans ſon jour & leur deviendra ſenſible ſi nous faiſons cette ſuppoſition : Que nous nous fuſſions toûjours conſervé dans nôtre innocence, que cependant Dieu ne nous eut donné qu'une Ame mortelle qui dependit de la vie dc nôtre corps, & qu'il nous eut abandonné à la tyrannie des paſſions d'autres hommes pecheurs comme nous ſommes, en ſorte que nous fuſſions expoſez à la diſcretion de leur colere comme les Bêtes le ſont à la tyrannie de la nôtre, & qu'apres avoir employé tous les momens de nôtre vie à leur ſervice avec des travaux extrêmes, nous n'euſſions rien à eſperer pour toute recompenſe qu'une mort cruelle pour ſatisfaire aux dereglemens de leurs appetits & de leur gourmandiſe.

Quel ſentiment aurions-nous de la conduite de Dieu à nôtre égard ? Ah ! ſans-doute que nôtre cœur ſe ſentiroit dans de continuels transports de colere & de blaſpheme contre l'auteur d'une diſpoſition ſi cruelle, & au lieu de le benir & de le glorifier pour nous avoir donné l'être, l'exaltation de ſa gloire eſtant ſon unique deſſein dans la formation des creatures, nous maudirions à tout moment l'heure qu'il nous auroit tiré du néant, & la puiſſance de celuy qui ne nous y auroit pas laiſſé : Nous luy demanderions avec raiſon, où eſt ſa juſtice qui ne recompenſeroit que de tyrannie & de cruauté nôtre innocence, pendant qu'il combleroit de miſericorde & de bienfaits ces criminels dans leur malice :

lice : ſçachons que voila les juſtes reproches que les Bêtes peuvent faire à Dieu, ſi le ſentiment commun eſt véritable, qui leur attribuë une Ame capable de connoiſſance & de douleur, puiſque Dieu doit rendre juſtice à toutes les Creatures.

Ne tombez vous pas donc à preſent d'accord, Mrs. que cette opinion renverſe le premier & le principal fondement de la Religion, en ruinant l'exiſtence de Dieu, puiſqu'elle détruit la perfection de ſes attributs en nous faiſant. 1. Un Dieu ſans Amour & ſans un Zele infini de ſa Gloire. 2. Un Dieu ſans ordre & ſans ſageſſe. 3. Un Dieu cruel & ſans juſtice, ce que je vous ay démontré ; Mais encore en ruïnant l'immortalité de nôtre Ame qui en eſt le ſecond fondement : c'eſt ce qu'il faut encore prouver.

Pour l'intelligence parfaite de ce que nous avons à dire, Mrs. il eſt à propos de conſiderer que l'Immortalité peut eſtre priſe en deux maniéres : ou bien pour un privilege qui nous exemte de pouvoir estre entierement anéantis, ou bien pour celuy de ne pouvoir changer la disposition de nôtre Estre, par le changement de la disposition des parties qui le composent.

On peut assurer que nôtre Ame est immortelle en ces deux manieres, premierement entant qu'elle ne peut pas estre entierement anéantie ; secondement entant que sa forme ne peut pas périr par le changement de la disposition & de la configuration de ses parties, puisqu'elle n'en a point.

L'Immortalité prise au premier sens luy est commune avec toutes le substances, tant spirituelles que materielles : Mais la seconde luy est spéciale avec les substances spirituelles, & il n'y a qu'elles qui joüissent de ce privilege.

Nous avons deux voyes pour prouver que toutes les substances sont indefectibles, c'est à dire qu'elles ne seront jamais anéanties & qu'elles subsisteront éternellement.

nellement. La premiere se prend du côté de la sagesse de l'Auteur qui leur a donné l'Estre, & les à tiré du néant, laquelle estant infinie, ne souffre pas de semblables changemens.

Celuy qui bâtit un edifice & le jette par terre pour le retablir decouvre son ignorance; Celuy qui arrache les arbres qu'il a plantés aussi-tost qu'ils ont pris racine, montre sa legereté, parce que celuy qui veut & ne veut plus, manque de lumiere & de fermeté d'esprit. Mais la sagesse infinie de Dieu ne souffre n'y caprice ny ignorance, ce qu'il a voulu, il le veut encore & le voudra toûjours, & ainsi aucune substance ne sera jamais anéantie, elles subsisteront toutes éternellement.

Une autre preuve tres-évidente & nouvelle de l'Immortalité de toutes les substances est que leur existence ne dépend point de leur mode n'y de leur maniere; Car il est de la nature d'un accident & de la maniere d'une chose, de pouvoir en estre separé, sans emporter aprés ſoy la deſtruction & l'anéantiſſiment du ſujet auquel il eſt attaché, *Accidens eſt id quod pôt eſt adeſſe & abeſſe à ſubjecto abſque ſubjecti interitu*: Changez la figure d'un corps & de rond faites le quarré; que celuy qui eſt en mouvement ſoit mis en repos, ou bien que celuy qui eſt en repos, ſoit mis en mouvement, tous ces changement ne cauſeront jamais l'anéantiſſement de ces ſubſtances. Le temps & la durée des creatures, Meſſieurs, eſt un accident à leur égard & dont l'union ou la ſéparation ne peuvent par conſequant leur ôter le privilege de l'indefectibilité, ny de l'exiſtence: Mais ſuppoſons que le temps & la durée ſoient ſeparez de toutes les ſubſtances, ce qui n'eſt pas impoſſible à Dieu, que deviendront-elles, ſans-doute, qu'elles n'auront plus qu'un inſtant & un poinr indiviſible d'exiſtence, dans lequel il eſt impoſſible de trouver l'être & le non être: Et ainſi toutes les ſubſtances, tant ſpirituelles que materielles, ſubſiſteront Eternellement

& ne peuvent eſtre anéanties, Dieu leur ayant donné un être indefectible par luy-même ; ſa ſageſſe infinie Soppoſant encore à cette deſttuction. Cette penſée eſtant extraordinaire merite bien d'être traitée ailleurs avec plus d'étenduë pour les conſequances avantageuſes que l'on en peut tirer en faveur de la veritable Religion. Elle détruit efficacement la doctrine de la Religion Romaine touchant la tranſubſtantiation du Pain au corps de Jeſu-Chriſt par voïe d'anéantiſſement du pain, comme l'explique l'Ange de leur Théologie Thomas d'Aquin, ce qui fait cependant le capital de leur ſéparation d'avec nous.

Non, Mrs., nous n'avons pas encore eu l'experience, de l'anéantiſſement d'aucune créature & nous n'en aurons jamais. Il eſt vray que nous avons veu des changemens tres-conſiderables dans la nature, & que nous en verrons encore ; *Erunt ſigna in Sole & Luna & Stellis* ; mais n'en craignons pas l'anéantiſantiſſement d'aucune ſubſtance. Je tombe d'accord contre le ſentiment d'Ariſtote & de toute ſon Ecole, que les Cieux ſont corruptibles. C'eſt aſſez pour appuier ma penſée, que nous ayons l'experience que le Soleil s'eſt quelquefois ſi fort obſcurci par le moyen des taches qui s'eſtoient formées ſur ſa ſurface, que nous avions ſujet de craindre que nôtre Terre & toutes les autres Planetes qui empruntent de luy leur lumiere ne demeuraſſent dans de continuelles tenebres, ſi ces macules ſe fuſſent augmentées & affermies : Et je puis facilement concevoir comme, avec un peu de changement dans la matiere du Soleil, & dans le mouvement qui l'agite, il péut devenir une Terre ; & comme la terre tout au contraire avec toutes les autres planetes peuvent devenir des Etoiles : comme la terre en perdant une partie du mouvement de la matiere qui l'environne, peut eſtre pouſſée vers le centre de ſon Ciel où ſe retrouve le Soleil, & abſorbée dans cet Ocean de flammes, eſtre diſſi-

diſſipée en un moment par la rapidité du cours de la matiere qui le compoſe. Ou bien ſi elle vient à acquerir un nouveau degré de mouvement, comme elle peut monter plus haut, & ayant à ſa rencontre quelques autres planetes, ſouffrir par leur choc des changemens tres-conſiderables ; comme auſſi elle peut prendre un cours errant & irregulier ſemblable à celuy des Cometes, qui probablement ne ſont pas fort differentes de nôtre Terre quant à la matiere, qui les compoſe. C'eſt ce que l'on peut faire comprendre d'une maniere tres-nette & tres-facile : Mais pour l'anéantiſſement d'aucune ſubſtance, cela paſſe la pénétration de mon eſprit, & j'avouë que je trouve plus de difficulté & d'implicance à le concevoir, qu'à comprendre une montagne ſans vallée: Car je ne dois pas refuſer à la puiſſance de Dieu ce qui ne me paroiſt pas contraire à ſa ſageſſe, comme l'anéantiſſement des ſubſtances, outre que ce changement ne ſeroit pas ſi grand, ne ſe faiſant qu'au regard des accidens de la matiere; que seroit celuy qui arriveroit par la destruction totale d'une substance.

C'est en cette premiere maniere que nous disons que nôtre Ame & toutes les autres substances sont immortelles, estant indefectibles en leur substance.

Mais l'immortalité prise dans le second sens, est particuliere à l'ame & aux autres substances spirituelles, entant qu'elles sont degagées de la matiere, & qu'elles ne sont point composées de parties, & qu'ainsi elles ne peuvent perir par le moyen de leurs separations, comme les corps & par la cessation du mouvement qui leur donnoit la vie.

Si nous faisons la moindre attention à ce qui se passe dans nôtre Ame, nous serons convaincus qu'elle n'est point un corps, qu'elle en est entierement séparée, & que par consequant la destruction de nôtre Corps n'emporte point la destruction de nôtre Ame, & qu'elle ne donne aucune atteinte à son existence.

Nous

Nous sçavons parfaitement ce que c'est que nôtre ame, nous ne pouvons douter que ce ne soit une substance qui pense (c'est la premiere & la plus certaine de toutes nos connoissances, & le principe de la certitude de toutes les autres.)

Nous sommes interieurement persuadez par autant d'experiences qu'il y a de momens en nôtre vie, qu'elle a le pouvoir d'appercevoir les objets & d'en former des idées, qu'elle affirme, qu'elle nie, qu'elle doute, qu'elle aime, qu'elle hait, qu'elle craint, qu'elle a de la joye, de la tristesse, du plaisir, de la douleur : C'est ce que personne ne peut nier sans faire violence aux lumieres qui le pénétrent, & qni sont plus évidentes que celles du Soleil en son midy.

L'idée que nous avons de la substance corporelle est bien differente de celle-là, Mrs., qui ne nous represente qu'une chose étenduë en longueur ; largeur & profondeur ; divisible, capable de mouvement & de repos, & de toute ſorte d'arrangement & de configurations dans toutes les parties qui la compoſent.

Mais faiſons à preſent comparaiſon de ces deux ſubſtances, & voyons quel rapport elles auront entre elles. Une ſubſtance qui penſe, peut-elle eſtre une ſubſtance étenduë? ou bien une ſubſtance etenduë, peut-elle eſtre une ſubſtance qui penſe & acquerir le pouvoir de penſer? la figure ronde ou quarrée d'un corps peut-elle eſtre un doute? une affirmation ou une négation? le mouvement & le repos d'un corps peuvent-ils eſtre une paſſion d'amour ou de triſteſſe? de plaiſir ou de douleur? de génerоſité ou de crainte? C'eſt ce qu'une perſonne de bon ſens n'accordera jamais.

Ce qui penſe en nous n'eſtant donc ny étendu ny diviſible, ny rond, ny quarré, ny grand, ny petit, ny en mouvement, ny en repos: Et tout au contraire noſtre corps n'eſtant pas capable de penſer, ny par conſequant d'amour, ny de crainte, de joye ny de triſteſſe,

ſteſſe, de plaiſir ny ne douleur, ces paſſions ne pouvant eſtre que des penſées & des modifications de nôtre ame: Il eſt demonſtratif que ce qui penſe en nous, eſt entierement diſtingué de nôtre corps, & que par conſequant nôtre ame peut ſubſiſter ſéparément de luy, toutes les propriétez qui ſe retrouvent dans ces deux ſubſtances n'ayant aucun rapport entre elles & eſtant entierement diverſes: Et qu'ainſi la deſtruction de l'un n'emporte point la deſtruction de l'autre, & que la mort de nôtre corps ne donne aucune atteinte à la vie de nôtre ame; qu'il peut eſtre détruit, non par l'anéantiſſement; cela eſtant impoſſible, mais en la maniere que nous diſons qu'un horloge eſt detruit, lors que les rouës en ſont rompuës, la matiere demeurant toûjours dans la nature, ſans que l'ame qui n'eſt point composée de parties, puiſſé en reſſentir les effets par la deſtruction de ſa ſubſtance.

Cette preuve, Meſſ. de l'Immortaſité de noſtre Ame deſarme ſans contredit tout ce qu'il y a jamais eu de libertins qui ont osé la nier. Il faut cependant accorder, que si nous admettons dans les Bêtes le moindre degré de connoissance, de joye, de tristesse, de plaisir, de douleur, de haine & d'amour, & de toutes les autres passions qu'on leur attribuë: il faut leur accorder une Ame qui soit le sujet de toutes ces operations, & qui soit entierement distinguée de leur corps, qui n'en est aucunement capable: Mais si elle est mortelle comme l'opinion commune l'accorde, nous sommes necessairement obligez d'avoüer que la nôtre l'est aussi; car celle des Bêtes ne pouvant estre composée de parties étenduës, non plus que la nôtre, elle ne peut perir que par l'anéantissement, donc les substances spirituelles peuvent estre naturellement detruites; donc la nostre peut périr par cette voye & nous n'avons plus de preuves pour en appuyer l'immortalité. C'est en quoy, Mess. sa condition seroit pire que celle du corps, qui ne périt que par la sepa-

ſeparation de ſes parties, eſtant immortel dans ſa ſubſtance au premier ſens que nous avons expliqué l'immortalité.

Sans-doute que vous accorderez à preſent, Meſſieurs, que cette opinion quoy-qu'univerſelle deſarme la Religion de ſes principes, qu'elle en ruïne les fondemens, & que ſi cette erreur ſubſiſtoit avec toute la ſuite des conſequances démonſtratives que l'on en peut tirer, la Religion ne ſeroit plus qu'un Phantôme & une Chimére.

Vous avoüerez donc avec l'Ecriture, Meſſieurs, que la Bête n'a point d'autre ame que les diverſes agitations de ſon ſang, ***Anima eorum in ſanguine***, & vous ne refuſerez pas à preſent un ſens litteral à ce paſſage; puiſque nous ne le devons jamais faire que lors qu'il emporte avec ſoy quelque conſequance contraire à la foy orthodoxe. A quoy bon donc avoir recours à des ſens allegoriques pour expliquer celuy-cy, puiſque le prenant à la lettre, il s'accorde parfaitement bien avec tout ce que la Religion nous enſeigne de la Majeſté infinie des perfections de Dieu. Pouvant de plus ſatisfaire à la curioſité que vous avez d'apprendre comment toutes les actions les plus ſurprenantes des Bêtes ſe peuvent expliquer d'une maniere fort intelligible, n'ayant recours qu'à la ſeule diſpoſition des parties de leur corps & aux divers mouvemens que le ſang y produit par ſon action, ce que nous ferons une autrefois, où que vous pourez voir entre les mains de l'Imprimeur. Car il eſt temps de vous remercier, Mrs. de l'honneur de vôtre preſence ; pour ne point abuſer d'avantage de vôtre patience par ma longueur, Et de vous demander excuſe ſi l'eloquence de mon diſcours & l'elevation de mes penſées n'ont pas répondu à la Maj. d'une ſi noble Audiance.

L'on aura auſſi raiſon, Mrs. de me dire, que j'ay avancé icy pluſieurs propoſitions, leſquelles, quoy qu'un peu extraordinaires, n'ont pas eſté aſſez pouſſées. Je vous l'avoüe, Mrs. n'ayant pu le faire en ſi peu de temps, & les reſervant pour me ſervir de matiere à pluſieurs autres diſcours que j'eſpere avoir l'honneur de vous faire.

LA BESTE

Transformée en Machine.

PAR

J. DARMANSON

Seconde Conference.

LA BESTE
Degradée en machine.
SECONDE CONFERENCE.

Ce que nous devons croire des operations des Bêtes.

Bien que nous ayons fait voir d'une maniere aſſez claire, dans nôtre premiere Conference, que la connoiſſance & les paſſions que l'opinion commune attribuë aux Bêtes, combat les fondemens de la Religion, fournit des armes aux opinions les plus impies & les plus libertines, & ne s'accorde en aucune maniere avec les ſentimens que la piété Chrétienne doit nous inſpirer : cependant ce prejugé, aidé par les raiſonnemens apparans d'une fauſſe Philoſophie, a jetté des racines ſi profondes, que pour achever de mettre l'auditeur dans des diſpoſitions favorables à entrer ſans ſcrupule dans l'explication mecanique que nous entreprenons de donner de tout ce que nous appercevons de plus ſurprenant dans les Bêtes, nous devons lever deux obſtacles

cles qu'ils y forment. Le Premier se tire des actions surprenantes des Bêtes, qu'ils croient ne pouvoir être expliquées sans le secours d'un principe de connoissance & par la seule disposition de la machine. Ils fondent le second sur la ressemblance qui se retrouve entre les actions des animaux & celles des hommes, lesquelles selon leur sentiment estant toutes causées par nostre ame, doivent aussi avoir un semblable principe dans les Bêtes. Voilà le fort de leurs sentimens, ce sont là les derniers boulevars où ils ont accoutumé de se retrancher; mais qui ne nous seront pas insurmontables, si nous ôtons aux substances spiritüelles & à tout ce qui est capable de connoissance le pouvoir de communiquer aucun mouvement aux substances corporelles, si nous montrons que nôtre ame n'a aucune part aux mouvemens les plus considerables de nôtre corps, & que s'il y en a quelques-uns auxquels elle semble participer, qu'elle n'en peut estre la cause veſe veritable, mais ſeulement occaſionelle.

Pour peu que nous ayons de connoiſſanee des principes de la véritable Philoſophie, nous ſçavons que l'on n'y peut faire aucun pas que par la connoiſſance exacte de la diſtinction qui ſe retrouve entre la ſubſtance ſpiritüelle & la ſubſtance corporelle, & toutes leurs propriétez, qui ſont tellement ſeparées les unes des autres, que nous ne devons jamais attribüer à l'une ce que nous remarquons appartenir à l'autre.

Si nous gouvernons nos penſées avec métode, cette diſtinction ne nous paroitra pas difficile à faire; nous l'appercevrons d'une ſimple veuë & nous reconnoitrons enſuite ſans aucun obſtacle les erreurs de nos prejugés & celles de l'ancienne Philoſophie, qui faute de ce diſcernement n'eſt qu'un Caos rempli de tenebres & de confuſion qui offuſque nôtre eſprit au lieu de l'eclairer, & ne ſert qu'à le faire deſcendre dans un degré encore plus bas que la ſimple ignorance;

rance ; car ſi nous nous perſuadons que par le ſecours de ſes principes , nous pouvons eſtre inſtruits de la nature des choſes, nous ne ſommes plus dans la diſpoſition de le pouvoir eſtre.

Nous n'avons que de deux ſortes d'idées , idée d'eſprit, idée de corps ; & ne devant dire que ce que nous concevons nous ne devons raiſonner que ſelon ces deux idéés.

L'idée que nous avons de tous les corps nous fait aſſez connoître qu'ils n'ont pas le pouvoir de ſe remuer d'eux même , un grain de moutarde non plus qu'une montagne ne peut pas ſe remuer de luy-même. Si nous examinons l'idée que nons avons des Eſprits & des Intelligences finies, nous ne voyons point qu'il y ait de liaiſon neceſſaire entre leur volonté & le mouvement de quelque corps que ce ſoit ; au contraire nous voyons qu'il n'y en a aucune & qu'il n'y en peut même avoir , & qu'un eſprit n'a pas plus de pouvoir de donner le mouvement à un corps, qu'un corps en a de ſe le donner

à ſoyà soy-même. Si nous voulons remuer le bras, nous avons besoin d'esprits animaux, nous devons les envoyer par de certains nerfs vers de certains muscles pour les enfler & les racourcir; c'est ainsi que le bras se remuë; mais est-il besoin de sçavoir toutes ces choses pour pouvoir remuer nos membres ? nullement, puis que souvant ceux qui n'en ont aucune connoissance les remuent avec beaucoup plus de dexterité que ceux qui en sont les mieux instruits; ce n'est donc pas nôtre Ame qui est la cause véritable du mouvement de nôtre bras, & si ce mouvement obeït à sa volonté, elle n'en peut estre que la cause occasionelle. Qui peut donc estre la cause véritable des mouvemens de nôtre corps comme de ceux de tous les autres : Si nous faisons attention à l'idée que nous avons d'un Dieu, c'est à dire d'un Estre infiniment parfait & par consequant toutpuissant, nous connoitrons qu'il y a une telle liaison entre sa volonté & le mouvement de tous les corps, qu'il est impossible de conce-

concevoir qu'il veuille qu'un corps ſoit meu, & que ce corps ne le ſoit pas, & ainſi ne devant dire les choſes que ſelon qne nous les concevons nous devons conclure, qu'il n'y a que la volonté de Dieu qui ait le véritable pouvoir de remuer les corps. Gardons nous donc bien d'admettre dans les eſprits le pouvoir de communiquer quelque mouvement aux corps; non plus que dans les corps des formes, des facultez & des qualitez rëelles à la maniere de l'ancienne Philoſophie, ſi nous ne voulons dérober à Dieu la force & la puiſſance qui luy ſont tellement eſſentielles, qu'il ſemble qu'il y ait contradiction à dire que Dieu peut communiquer à l'homme ou à l'Ange le pouvoir de mouvoir un corps immediatement par luy-même & comme cauſe véritable: Car qui dit une cauſe véritable, dit une cauſe entre laquelle & ſon effet, nous appercevons une liaiſon neceſſaire; mais il n'y a que l'Eſtre infiniment parfait, entre la volonté duquel & les effets, l'eſprit apperçoive une liai-

ſon

ſon neceſſaire. Il n'y a donc que Dieu qui ſoit véritable cauſe, & qui ait véritablement la puiſſance de mouvoir les corps.

Si Dieu pouvoit communiquer à l'homme ou à l'ange le pouvoir, il pouroit auſſi leur donner celuy de créer, d'anéantir & de faire toutes les choſes poſſibles, en un mot les rendre tout-puiſſans & en faire des Divinitéz ce qui n'eſt pas concevable.

Si nous faiſons dépendre par cette doctrine tous les mouvemens des corps de l'action & du concours immediat de Dieu, nous ſommes obligez par une ſuitte de raiſonnemens demonſtratifs, que l'on a expoſé ailleurs plus au long, de mettre toutes les operations de nos Ames & de toutes les Intelligences, dans une ſemblable dependance à ſon égard, de dire qu'elles ne peuvent rien connoître ſi Dieu ne les éclaire immediatement par luy-même, qu'elles ne peuvent rien ſentir, ſi Dieu ne les modifie & ne leur imprime ces ſentimens imme-

immediatement par luy-même, à l'occasion cependant de ce qui se passe dans les corps ausquels elles sont unies. Nous nous gardons bien de dire que les objets exterieurs soient la veritable cause de l'idée que nôtre ame en a, nous n'osons avoir recours aux especes expresses & impresses pour cela, nous rejettons bien loing ces formes, ces facultez, ces qualitez, ces vertus & ces astres réels, capables de produire de certains effets par la force de leur nature à la maniere de la Philosophie ancienne, toute payenne dans les sentimens aussi bien que dans son auteur, & dont les principes ne tendent qu'à en établir la Religion. Nous mettons, dis-je, nôtre ame dans une telles dependance à l'égard de Dieu, que nous nous éloignons même de dire qu'elle ait le pouvoir de produire des idées par elle-même, de peur de donner atteinte à la puissance & à la sagesse de son auteur, nous ne disons pas qu'elle contienne éminement ses pensées, comme parlent d'autres Philosophes, ny qu'elle qu'elle les apperçoive en considerant ses propres perfections, n'y ayant que Dieu seul qui ait ce privilege; nous confessons tout au contraire avec St. Augustin, que nous ne sommes pas à nous-mêmes nôtre propre lumiere, *Dic quia tu tibi lumen non es:* Nous mettons nôtre esprit dans une véritable dependance de son Createur; nous disons qu'il est tres-étroitement uni à nôtre ame par une presence tres-intime, ensorte que l'on doit dire, qu'il est le lieu des esprits de-même que les espaces sont les lieux des corps, & que nous ne pouvons rien appercevoir que dans luy-même, disans avec St. Paul, *non sumus sufficientes aliquid cogitare ex nobis, tanquam ex nobis. Sed sufficientia nostra à Deo est*; & qu'en Dieu qui éclaire le Philosophe immediatement par luy-même dans les connoissances que les hommes ingrats appellent naturelles, quoy qu'elles ne leur viennent que du Ciel: *Deus enim illis manifestavit.* C'est luy proprement qui est la lumiere des esprits & le pere des lumie-

lumieres *descendens à patre luminum*; c'est luy qui enseigne la sçience aux hommes, *qui docet hominem scientiam*, en un mot c'est la véritable lumiere qui éclaire tout ceux qui viennent en ce monde: *lux vera quæ illuminat omnem hominem venientem in hunc mundum*: Car il est juste que la creature soit spirituelle, soit materielle, ne puisse rien faire sans le cours & la dependance du Createur.

Si donc nôtre corps obeït dans de certains mouvemens aux volontez de nôtre ame, ce n'est pas qu'elle agisse sur luy immediatement par elle même, elles ne servent que d'occasion à la cause universelle de luy imprimer ce mouvement, en consequence des loix générales qu'elle a établies dans la premiere institution des choses; & lors que nous devons expliquer cette union admirable qui est entre nôtre ame & nôtre corps, nous sommes obligez d'avoir recours à la presence intime de nôtre Createur, qui êtablit immediatement par luy-même la dependance réciproque qui se retrouve

trouve entre quelques pensées de nôtre esprit & quelques mouvemens de nôtre corps, disant avec St. Paul : *In eo vivimus, movemur & sumus* : que nous vivons dans Dieu, que nous sommes dans Dieu & que nous sommes tout penetrez de Dieu.

C'est ainsi que nôtre Philosophie, Messieurs, n'accordant jamais son consentement qu'à ce qui luy paroit clair & evident, doit mettre la creature dans une entiere dependance de son Createur, non seulement pour ce qui regarde son existance, mais encore pour ce qui touche toutes ses operations. C'est en quoy nous pouvons reconnoître la certitude de ses principes, puis qu'ils s'accordent si parfaitement avec ceux de l'Evangile, pour ruïner toutes les raisons des libertins & pour êtablir les fondemens d'une pieté solide, en nous enseignant qu'il ne faut aymer qu'un Dieu, puis qu'il n'y a qu'un Dieu qui puisse agir sur nous, & qui par consequant puisse nous rendre heureux ou mal-heureux. Nostre Philosophie nous fait connoître qu'il n'y a qu'une véritable cause comme l'Evangile nous apprend qu'il n'y a qu'un Dieu, l'Ecriture nous dit que toutes les divinités du Pagnisme ne sont que des pierres & des metaux sans vie & sans mouvement, cette Philosophie nous decouvre aussi que toutes les causes secondes ne sont que de la matiere & des volontez inefficaces. Enfin l'Ecriture nous deffend de flêchir les genoux devant les Dieux qui ne sont point Dieux : nôtre Philosophie nous apprend aussi que nôtre imagination & nôtre Esprit ne doivent point s'abbatre devant la grandeur & la puissance imaginaire des causes qui ne sont point causes ; qu'il ne faut, ny les aimer, ny les craindre, qu'il ne faut point s'en occuper, qu'il ne faut penser qu'à Dieu seul, voir Dieu en toutes choses, adorer Dieu en toutes choses ; craindre & aimer Dieu en toutes choses; L'Ecriture nous enseigne que nôtre nature est corrompuë, que nous naissons tous enfans de colere, que nous avons

besoin

besoin d'un liberateur & d'un médiateur ; & les lumieres de nôtre Philosophie nous decouvrent, que Dieu ne pouvant créer la créature que pour luy, il ne peut avoir fait nôtre Esprit que pour le connoître & nôtre cœur que pour l'aimer, que nôtre nature est par consequent dans le desordre, puis qu'elle s'oppose à cette loy, nôtre esprit dépendant à present de nôtre corps, nôtre raison de nos sens, & nôtre volonté de nos passions ; que nous sommes dans l'impuissance de faire ce que nous voyons clairement, que nous devons faire : que nous devons par consequent avoir recours à un liberateur, pour nous guérir de nos maladies & nous delivrer de la captivité de nôtre corruption. L'Ecriture nous condamne à une vie laborieuse & penitante, & nôtre Philosophie nous enseigne, que nous devons nous éloigner autant que nous pouvons de la joüissance des objets sensibles & de toutes les creatures, pour pouvoir plus facilement & avec moins d'obstacles nous unir à nôtre Créateur, que par conſequent l'Evangile qui nous enſeigne toutes ces choſes, eſt le plus ſolide de tous les livres, que c'eſt la voye la plus abregée que nous ayons pour nous inſtruire de nos devoirs, & qu'ainſi Jeſus-Chriſt qui en eſt l'Auteur connoiſſoit parfaitement la maladie & le deſordre de notre nature, qu'il y a remedié de la maniere la plus utile pour nous & la plus digne de luy, qui ſe puiſſe concevoir.

Nous ne devons donc pas eſtre d'accord avec ceux qui s'imaginent qu'il n'y doit avoir aucun commerce entre la Theologie & la Philoſophie & que ce ſont deux ſçiences entierement ſeparées & qui ne doivent avoir aucune communication; ce qui eſt peut être veritable, ſi nous avons égard à la maniere qu'ils traitent cette derniere; & à la Philoſophie payenne d'Ariſtote qu'ils prétendent juſtifier.

Mais je ſoutiens avec beaucoup plus de verité, que ſi nous ne nous ſervons que

que de principes evidens, & que si nous ne raisonnons que consequemment selon ces principes, nous decouvrirons par ce moyen les mêmes véritez, que celles que nous apprenons dans l'Evangile, puis que c'est la même sagesse qui parle immediatement par elle-même à ceux qui decouvrent la vérité dans l'evidence des raisonnemens, & qui parle par les saincts Ecritures à ceux qui en prennent bien le sens: & cette meditation a cet avantage, qu'elle sert à nous persuader par son evidence des veritez dont nous sommes seulement convaincus par l'autorité & la certitude des Ecritures saintes, & que nous pouvons par ce moyen convaincre d'erreur les impies, qui n'ayant aucun respect pour l'autorité des divines Ecritures, ne peuvent être redressez que par la voye de la raison.

Trouvera-t-on donc encor des plumes & des langues assez medisantes ou assez ignorantes pour condamner cette Philosophie, en poussant leurs calomnie si loin, qu'ils osent l'accuser de jetter dans les cœurs des semences d'impiété & d'atheïsme, ce que la nôtre peut dire avec beaccoup plus de raison de celle qu'ils professent, & qui en sera enfin vaincue, puis qu'il est juste & necessaire que la vérité triomphe de l'erreur lors qu'elle en aura fait paroître evidemment les desordres.

Cette digression, Messieurs, qui paroît un peu eloignée de mon dessein, n'est pas cependant sans dessein, puis qu'elle innocente nôtre Philosophie des calomnies dont on a taché de la noircir. Elle a cependant ce raport avec le sujet que je traite, que nous servant à nous persuader de la solidité des principes que nous mettons en usage, à cause de leur liaison avec les veritez que la foy nous rend infaillibles, & nous découvrant qu'il n'y a que Dieu seul qui soit la véritable cause de tout ce qui se produit dans la nature, que c'est inutilement que nous avons recours à une ame, & à un principe de connoissance autre que Dieu,

Dieu, pour expliquer tout ce que nous voyons de plus ſurprenant dans les Bêtes ; & qui ne nous ſurprendront plus, lors que nous n'aurons recours qu'à la ſageſſe infinie de celuy qui les a formées, qui les gouverne, quoi-que nous y decouvrions des choſes beaucoup plus reglées & plus adroites que dans les nôtres, parce qu'eſtant dans un eſtat de corruption, il nous y reſte une liberté corrompuë qui a le facheux privilege de mal determiner ceite cauſe univerſelle, qui agiſſant toute ſeule dans le gouvernement des Bêtes, les exemte de quantité de deſordres où nôtre corruption nous engage : Car c'eſt l'auteur de nôtre Eſtre qui execute toutes nos volontez : *ſemel juſſit, ſemper paret* ; c'eſt luy-même qui remuë nos membres lors que nous nous en ſervons contre ſon ordre, c'eſt auſſi pour ce ſujet qu'il ſe plaint par ſes Prophétes que nous le faiſons ſervir à nos deſirs injuſtes & criminels.

Ce n'eſt pas que nous deuſſions croire que noſtre ame ait part à tous les mouvemens qui ſe font en nous, puis que nous ne devons luy rien attribuer, que ce qu'elle-même ſçait bien luy appartenir; ſuivant quoy nous ſommes obligez de reconnoiſtre qu'il ſe paſſe en nous une infinité de mouvemens independemment de noſtre ame.

Commençons par ce qui ſe trouve de plus admirable dans le corps de l'homme, qui eſt ſans doute la formation dans le ventre de ſa mere: il eſt conſtant que cela ſe fait ſans le ſecours d'une ame, cela luy eſt commu avec la Béte, & cependant tout ce qui nous ſurprend dans leurs operations & qui ſemble nous obliger de leur accorder quelque connoiſſance, n'eſt rien en comparaiſon de l'artifice admirable que renferme en ſoy la machine de nos corps & des leurs. Car qu'y a-t-il de plus merveilleux que la diſpoſition & l'arrangement de leurs parties? Ces os diſtribuez avec tant d'induſtrie, pour eſtre comme les fondemens & les colomnes ſur qui tout l'edifice de cette

cette machine doit eſtre appuyé ; les veines & les arteres répanduës par tout le corps, pour y porter la nouriture, la vie & la chaleur en même temps, les nerfs, les muſcles, les tendons, les veines limphatiques, les veines lactées, tant d'autres tuyaux inſenſibles, en un mot, un million de parties que toute la ſçience des Anatomiſtes ne peut decouvrir, que les yeux ne ſçauroient appercevoir & qui paſſent même l'étenduë de nòtre imagination : Le cerveau ſeul ſuffiroit pour occuper les veilles & les meditations de tout ce qu'il y a d'hommes dans le monde ſans qu'ils puiſſent bien developper l'œconomie, le nombre & l'uſage de toutes les parties, dont il eſt composé. Les yeux ſont des chefs d'œuvre que l'on ne peut aſſez admirer : Ces tuniques, ces humeurs y ſont diſpoſées avec un ſi grand artifice, qu'il eſt impoſſible d'y approrter le moindre changement ſans détruire tout l'ordre de la viſion : Mais ſi la formation de noſtre corps ne depend point des operations de nostre ame, il est aussi véritable qu'elle ne contribuë en rien à une infinité de ses mouvemens, qui se font independament d'elle & souvant même contre sa volonté, ce qui se passe dans toutes les maladies ne nous en persuade que trop. L'effort de nos passions l'emporte souvant contre toute la resistance de nostre ame, & font faire à nostre corps des mouvemens, qu'il luy est impossible d'empécher. Lors que nous parlons, nostre ame fait-elle attention à la diversité surprenante des mouvemens qui sont necessaires pour la parole, pense-t-elle à pousser l'air des poumons jusque dans la bouche, à ouvrir la bouche en écartant les levres, à la fermer en les rapprochant, à hausser, baisser, lier & mouvoir la langue de tant de façons? nostre ame n'a aucune part à tous ces mouvemens, & personne ne dira qu'en voulant parler, il pense à autre chose qu'aux paroles qu'il veut prononcer.

Combien de fois nous arrive-t-il de prononcer une priere entiere, pendant que

que nostre ame est appliquée à toute autre chose ? Sans doute qu'il ne se peut rien trouver de plus merveilleux dans la Bête. Ce ne seroit jamais fait si nous voulions parcourir tout ce qui se passe en nous, independamment de nostre ame : Je diray en un mot que nous devons nous detromper du prejugé commun qui nous fait croire que c'est nostre ame qui donne la vie à nostre corps, puis qu'elle consiste dans la circulation du sang & dans les mouvemens propres pour sa conservation, au lieu que la vie de nostre ame ne consiste que dans les operations de sa pensée, qu'elle ne peut pas luy communiquer, puis qu'il luy est impossible de pouvoir le faire penser. Elle ne peut non plus luy communiquer la vie par laquelle il se nourrit, & croist, &c. puis qu'elle ne sçait pas même ce qu'il faut faire pour digerer ce qu'on mange, non plus que le faire sentir, puis que la matiere est incapable de sentimens, d'où il nous est facile de conclure ; que ce n'est pas la separation de nostre ame de nostre corps qui luy cause la mort, en sorte que si une ame se separoit d'un corps qui seroit en parfaite santé, il ne laisseroit pas de vivre à la maniere de celuy des Bêtes. Nous devons aussi inferer de là, que quand nous serions dans l'impuissance de rendre des raisons mecaniques des operations des Bêtes, d'une maniere aussi pertinente que fait un Orlogeur de tous les mouvemens de son orloge par la disposition des rouës, il ne faudroit pas avoir recours pour cela à la presence d'une ame qui n'y sert de rien, & qui embarasse plus cette explication qu'elle ne luy aide.

Mais il est temps d'entrer dans l'explication particuliere de cette machine. Supposons auparavant, que l'auteur qui luy a donné l'estre est aussi celuy qui à formé toute la nature & qu'il a mis une telle disposition entre tous les corps qui l'environnent & qui peuvent agir sur elle, qu'elle sera disposée à s'eloigner de ceux qui pourront luy porter préjudice, & au-contraire à se mouvoir vers ceux qui luy seront convenables. Cela

Cela estant supposé, considerons le plus sommairement qu'il nous sera possible les parties interieures d'un chien, par exemple, en quoy je garderay le même ordre, comme en ce qui me reste à dire, qu'un excellent auteur a gardé en traittant avant moy de cette matiere, ne pouvant rien dire de plus adroit : & je n'ajoûteray par tant à ses pensées que je les abbregeray pour ne point passer les bornes, d'une conferance : car ce qui m'a determiné en partie à dire ce que j'ay avancé cy-dessus a esté pour procurer plus de croyance à la sçavante explication qu'il en a faite, en détruisant tous les autres moyens dont on voudroit se servir pour rendre raison des operations des Bêtes.

Ce que nous devons premierement considerer dans cette machine, c'est le cœur partagé en deux cavitez : l'une appellée le ventricule droit, & l'autre le ventricule gauche : Que les veines se terminent & se rassemblent toutes dans le ventricule droit, où elles se dechargent

gent du ſang qu'elles contiennent : Que ce ſang fait a fait qu'il y tombe goutte à goutte, ſe rarefie & ſe dilatte par la chaleur de cette partie, & ne trouvant plus d'iſſuë par les endroits où il eſt entré, parce que ces portes ou valvules ne peuvent s'ouvrir que de dehors, en dedans, il eſt obligé de s'échapper par trois autres du même ventricule qui ne s'ouvrent que de dedans en dehors, où aboutit l'artere pulmonaire par où il eſt conduit dans les poulmons pour y eſtre rafraichi : Or les poulmons s'affoibliſſans lors que l'air dót ils ſont pleins vient à en ſortir, ils pouſſent ce ſang qui eſt répandu dans toute ſa ſubſtance vers le ventricule gauche du cœur par un autre canal que l'on nomme veine pulmonaire, où ſe rarefiant encore, il eſt obligé d'en ſortir par trois valvules qui luy ouvrent l'entrée de la grande artere laquelle ſe diviſe en deux branches, l'une qui tend en haut l'autre dans les parties baſſes, & qui ſe ſubdiviſent enſuitte en une infinité de petis rameaux pui portent ce ſang dans toutes les parties

parties du corps, ou se dechargeant dans les veines elles le reconduisent dans le ventricule droit du cœur & y circule ainsi continuellement ensorte que l'on suppute que le sang d'un homme passe au moins soixante fois dans son cœur pendant l'espace de vingt-quatre heures; voilà ce qui donne proprement la vie à nôtre corps aussi bien qu'à toutes les Bêtes, & aussitost que cette circulation cesse, l'animal cesse aussi de vivre; nôtre ame ne donne donc en aucune maniere la vie à nôtre corps, puis qu'elle n'a aucune part à cette circulation qui est ignorée de la plus part & qui n'est decouverte que depuis peu.

Considerons ensuite le cerveau de cet animal, qui est une substance molle, composée d'un tissu d'un nombre infiny de petits filets, dont quelqu'es-uns s'unissans en petits cordons, descendent dans toutes les parties du corps couvert de deux peaux, qui ne sont que des alongemens des deux envelopes du cerveau, qu'on appelle dure & piemere & que l'on nomme des nerfs. Dans

Dans ce cerveau on y voit encore quatre petites cavitez ou ventricules, trois par devant & une par derriere; ſur le paſſage du troiſiême au quatriême, il y a une petite glande ſuſpenduë, qu'on appelle *conarion*. Remarquons encore que cet animal a des muſcles qui ne ſont qu'un compoſé de fibres charneuſes, de veines, d'arteres, de nerfs, qu'il ſe fait une diſſipation continuelle d'un grand nombre de parties du corps qui échappent à tous momens par les pores dont il eſt plein, & que le ſang qui circule continuélement par toutes les parties du corps repare cette perte en reprenant la place de ces parties tranſpirées.

Les parties les plus ſubtiles du ſang ſortant du cœur montent à la teſte par le tronc ſuperieur de l'aorte, parce qu'il va tout droit, & que les corps qui ont plus de mouvement ſuivent toujours la ligne qui ſe detourne le moins. Ces eſprits animaux, qui ne ſont que les parties les plus ſubtiles & les plus rondes du ſang, comme

comme une eſpece de vent & de fumée delicate, entrent dans les ventricules du cerveau dont ils tiennent les parois interieures écartées & les empechent de s'abaiſſer, de là s'inſinuant entre les petits filets qui compoſent les nerfs, ils les tiennent tendus & empèchent par ce moyen qu'ils ne s'entrelaſſent les uns dans les autres.

Mais comme le ſang qui ſert à nourrir le corps ou qui ſe convertit en eſprits animaux ſe diſſipe continuellement, ce qui cauſeroit en peu de temps la mort de l'animal, il arrive que lors qu'il paſſe le long de l'eſtomac, ce qu'il contient de parties tranchantes, & de la nature de celles dont le vinaigre eſt compoſé, trouvent des pores qui leur ſont proportionez, par leſquels elles entrent dans l'eſtomac où elles piquent & ebranlent un nerf, qui fait une eſpece de couronne à ſon orifice ſuperieur; l'ebranlement de ce nerf eſt porté juſqu'au cerveau, ce qui le fait ouvrir dans des endroits par où les eſprits animaux venant

à paſſer,

à passer, coulent en abondance dans les muscles des jambes, qu'ils enflent de même que l'air enfle un balon, ce qui les oblige de s'elargir, & de se racourcir par consequant & de tirer à eux la partie où ils aboutissent par un tendon qui y est attaché : Or chaque muscle en ayant un autre qui luy est opposé, & qu'on appelle antagoniste, il arrive que les esprits animaux estant determinez par le changement que le mouvement de ce premier exerce dans le cerveau à couler dans son antagoniste, où il y a des valvules de communication de l'un & l'autre, ils ouvrent le passage aux esprits qui sont dans le muscle qui s'est mû le premier, & les font entrer dans celuy-cy, ils ferment en même temps l'issuë à ceux qui descendent du cerveau dans ce dernier : de là vient qu'il s'accourcit à mesure qu'il s'enfle, & que le premier s'alonge à mesure qu'il se desenfle; de là on peut facilement juger que si cela arrive successivement, le corps doit être transporté d'un lieu en un autre. Or

toutes

toutes les fois que cet animal aura faim (en prenant ce mot pour le ſeul mouvement qui ſe fait dans l'eſtomac & enſuite dans le cerveau) il ſera neceſſairement tranſporté de côté& d'autre.

Si nous preſentons un morceau de pain à un chien qui ſera dans ces diſpoſitions, il eſt certain, par le rapport qu'il y a entre luy & tous les corps qui peuvent luy eſtre utiles, que l'impreſſion que cet aliment fera ſur les yeux en ebranlant les filets des nerfs optiques, doit eſtre porté dans le cerveau, où elle fera des ouvertures qui donneront paſſage aux eſprits animaux pour couler dans les muſcles dont l'action approchera le chien de cet objet; d'abord qu'il ſera arrivé proche de cet aliment, les rayons qui continüent d'agir ſur le cerveau par les yeux, le trouvant un peu differemment diſpoſé, par le changement de figure de l'œuil qui s'alonge à meſure qui l'objet eſt plus proche, ou les parties qui s'exhalent du pain entrant dans le nez avec l'air de la reſpiration plus

plus abondamment qu'auparavant, obligent les esprits d'entrer dans les muscles qui servent à remuer les machoires & à avaler les alimens.

Vous comprendrez facilement que ce mouvement des machoires pressant les glandes qui contiennent la salive & qu'on appelle pour ce sujet salivales, elle est exprimée dans le palais, où se mêlant avec ce pain elle sert à en faire la premiere dissolution. Ce que je viens de dire est tres-facile à comprendre, si outre le rapport qu'a cette automate avec tous les autres corps qui l'environnent, on remarque aussi qu'il y a une tres-grande harmonie entre toutes les parties dont il est composé, qui fait que le cerveau s'onvre si à propos pour procurer à ce chien toutes les choses dont il a besoin pour son entretien.

Si nous considerons ensuitte ce que devient ce pain, nous le trouverons mêlé dans l'estomac avec quelque reste des alimens precedans, qui estant demeurez engagez dans les plis de sa membrane

brane interieure, se sont aigris & servent avec le suc acide, dont nous avons parlé, à exciter une douce fermentation, par laquelle les viandes commencent à estre digerées & reduites en chyle qui est une forme de créme grisatre.

Le Diaphragme se haussant & se baissant successivement dans chaque respiration, oblige le chyle à couler dans les intestins qui n'en sont qu'une continuation, où les parties les plus subtiles s'insinuent dans un nombre infini de petites veines qui y aboutissent. Ces veines que l'on nomme lactées portent le chyle par differans conduits dans la veine cave, où circulant avec le sang il en acquiert la forme insensiblement; & c'est par ce moyen que les parties de cette liqueur qui servent à la nouriture & à la formation des esprits animaux sont reparez.

Lors que les fonctions continüelles où les esprits animaux sont employez, en auront dissipé une grande quantité ensorte que le sang ne soit plus capable d'en d'en fournir suffisamment . pour tenir les parois des ventricules du cerveau écartées, & les filets des nerfs tendus, celles la s'afaisseront insensiblement, & ceux-cy s'entrelasseront, ce qui fera que les objets ne pourront plus transporter leur action dans le cerveau, & ce chien dormira pour lors, jusqu'à ce qu'il se soit formé de nouvaux esprits animaux, qui le mettent dans l'état précedent qu'on nomme veille.

Ce que je viens de dire ne souffre aucune difficulté, il est cependant trés-evident que toutes les actions dont je viens de parler qui regardent la digestion & la nourriture ne requerent aucune pensée, comme l'experience nous en persuade, puis que toutes ces choses se font dans nous sans que nostre volonté puisse l'empescher ou le commander.

La consideration de toutes ces actions conduites avec tant d'industrie, & menagées avec un si grand artifice, par la seule harmonie des parties qui composent cet automate si artistement formé,

&

& dont tous les ressorts sont disposez avec tant de symmetrie, qu'on ne peut rien concevoir de mieux pensé & de plus delicatement travaillé, cette consideration dis-je, doit estre suffisante pour nous persuader que puisque cette Beste n'a aucun besoin d'une ame pour toutes ces choses il n'en faut aucune aussi pour tous les autres mouvemens qu'elle fait, qui ne semblent pas demander plus de connoissance que ceux que je viens d'expliquer.

Avant que de passer plus outre nous devons encore remarquer avec soing, que le cerveau estant d'une substance molle, est capable par consequent de recevoir & de retenir les impressions que les objets exterieurs y font, qui consistent dans la facilité, que les pores du cerveau, qui ont esté ouverts par leur moyen, conservent à s'ouvrir de la même maniere ou deux-même, ou par la cours fortuit des esprits animaux. Ou bien ces impressions ne sont autre chose que les traces & les vestiges que les esprits animaux laissent entre les fibres du cerveau en baiſſant les poils qui ſont heriſſez par deſſus, de meme qu'un homme qui paſſe daus un pré couvert d'herbes, fait une eſpece de ſentier qui dure quelque temps & par oú il eſt plus facile de paſſer la ſeconde fois que la premiere & la troiſieme que la ſeconde.

Remarquons auſſi que quand deux objets agiſſent enſemble, leurs traces s'uniſſent ordinairement. c'eſt à dire que les eſprits animaux, qui par l'impreſſion de ces deux objets ont coulé entre differentes fibres du cerveau, pour aller enſuite enfler divers muſcles, venant à ſe croiſer dans leur route ſe mélent & n'ont plus qu'un courant qui ne va aboutir qu'à un des deux endroits, où les eſprits euſſent coulé ſans cette jonction. Il s'enſuit de là premierement, qu'il n'en reſultera que les mouvemens qu'excitoit l'objet, dont l'impreſſion qui eſtoit la plus forte a prevalu; ſecondement, il n'arrivera aucun mouvement de ceux qui euſſent eſté produits par l'action de l'objet le plus foible qui, dans la ſuitte, quoi qu'il qu'il ſoit ſeul ne ſçauroit agir ſur le cerveau ſans exciter les mouvemens qui accompagnent l'action de celuy dont les traces ont eſté confonduës avec les ſiennes. Cette jonction de traces ou d'eſpeces, ſi vous voulez l'appeller ainſi ſe fait auſſi tres-ſouvent, non ſeulement quand les eſprits animaux ſe croiſent dans leurs chemins; mais encore lors qu'ils coulent aſſez prés les uns des autres: car l'un de ces deux courans ébranlant en paſſans la partie voiſine de ſon lict, il oblige l'autre à ſe mouvoir du même côté, pour peu d'obſtacle qu'il rencontre dans ſon chemin, ſi bien que gliſſans vers l'endroit où ſe meut le premier, par la facilité qu'il y trouve, cauſée par la ſecouſſe des parties qui ſont entre-deux, ces deux traces ou eſpeces s'uniſſent.

Ces choſes eſtant ſuppoſées, commençons par expliquer ce qu'on appelle la diſcipline des animaux. Si je veux, par exemple, dreſſer un chien à ſe tenir ſur ſes deux pieds de derriere, je l'arreſteray moy-même quelque temps dans cette ſituation, pour procurer aux eſprits animaux un paſſage libre & aiſé dans ces parties, & afin que les pores qui leur donnent paſſage acquerent une grande facilité à s'ouvrir toûjours de la même maniere : outre cela quand cet animal changera de poſture je le menaceray d'un bâton, de ſorte que le cerveau s'ouvrant naturellement à cette veuë aux endroits qu'il faut pour le faire arrêter, & l'empécher de s'avancer vers le bâton, il n'y aura pas lieu de s'etonner s'il demeure ferme dans cette aſſiette, tellement que ſi je reïtere plusieurs fois la la même choſe cette habitude deviendra par apres ſi ſorte, qu'il s'y tiendra apres de luy même.

Si l'on vouloit enſuitte l'apprendre à danſer au ſon du violon, on n'auroit, quand il ſe tient ainſi debout, qu'à marcher devant luy preſentant du pain, car il ſeroit diſpoſé à s'approcher de cet aliment & à le ſuivre : que ſi en même temps on fait jouër du violon ; l'eſpece du ſon du son de cet instrument & celle du pain se joindront si bien, qu'àprés que l'on aura reïteré plusieurs fois la même chose le seul son du violon sera capable de faire danser le chien. Si nous voulons le dresser à la chasse, il nous y faut prendre à peu prés de la même maniere, si nous le battons lorsqu'il courra sur la perdrix, l'espece de cet oiseau & celle des coups que nous luy aurons donné s'uniront sans doute, si-bien qu'aprés que nous aurons reïteré la même chose plusieurs fois, la perdrix fera sur luy la même impression que le bâton, & comme il s'arrête en voyant le bâton, de même il demeurera ferme à la veuë de la perdrix au lieu de courir dessus.

Si les chiens qui naissent de deux autres qui sont couchans, chassent sans être dressez, il ne faut pas s'en étonner, puisqu'ils ont bien souvent dans le cerveau les mêmes traces qu'avoient leur pere & leur mere, de la même maniere que les enfans naissent bien souvent avec des dispositions aux maladies dont leurs parens ont été atteints.

Si nous voulons que ce chien ſaute quand on prononce le Prince d'Orange, & qu'il aboie en entendant le nom du grand Turc, nous tiendrons un bâton tant ſoit peu elevé de terre & couché horizontalement, & enſuite quand il aura bien faim, nous luy preſenterons du pain au delà du bâton en prononçant en même temps les paroles à l'occaſion deſquelles nous ſouhaitterons qu'il ſaute : il eſt clair qu'êtant obligé de paſſer pardeſſus le bâton pour venir manger le pain, il ſautera dans cette rencontre ; de là vient que ces deux eſpeces s'uniſſent, aprés que nous aurous fait la même choſe pluſieurs fois, ce chien ſautera enſuite auſſi-bien pour les ſeules paroles, qu'il ſautoit à la preſence du pain : ſi au contraire nous le battons en prononçant le grand Turc, il eſt ſeur qu'il aboyera, ce qu'il fera enſuite toutes les fois qu'on prononcera les mêmes mots.

Ceux qui comprenent ce que nous venous de dire n'auront aucune difficulté de concevoir la raiſon de ce qui arrive dans toutes

toutes les autres occasions, sans avoir recours à aucune connoissance pour expliquer la discipline des animaux.

Nous developerons sans peine ce qu'on apelle instinct dans les animaux, c'est à dire, certaines actions que toute une espece de Bêtes font natuellement, d'abord que nous aurons remarqué que cet instinct se raporte toûjours exactement à leur conservation, car nous verrons de là qu'il ne peut consister que dans la disposition particulière de leur cerveau quand elles naissent : ainsi un agneau fuit le loup, parce que la veuë de cette Bête determine les esprits animaux à produire ce mouvement par l'economie naturelle du cerveau de l'agneau, car il ne se pouvoit rien ordonner de mieux pour la conservation, & de toutes les dispositions que son cerveau pouvoit avoir du Createur, celle d'avoir des fibres qui s'ecartassent facilement pour laisser couler les esprits animaux dans les muscles qui servent à l'éloigner du loup, étoit la plus propre & la plus convenable que l'auteur de la nature pût luy donner.

Nous ne voyons rien aſſurément de plus merveilleux que ce que font les abeilles, car on rapporte qu'elles choiſiſſent un Roy qu'elles ſuivent & qu elles eſcortent par tout; la raiſon eſt qu'il n'y a que luy de mâle dans chaque eſſein qui fait une telle impreſſion ſur elles, ou par les yeux, ou par les oreilles, ou par les narines qu'elle les oblige à faire tout ce qu'elles font à ſon égard.

Elles ſont determinées par le suç des fleurs qu'elles ont ſuccées, par la preſence de leurs compagnes; & principalement par les diſpoſitions naturelles de leur cerveau, à batir de petites cellules qui ſont toûjours exagones & rangées de la même façon, ſi bien que cette uniformité de leur maniere d'agir, dans laquelle on obſerve toûjours le même ordre, la même régularité & les mêmes circonſtances, nous perſuade qu'elles n'ont pas plus de beſoin d'une ame connoiſſante pour conduire tous les mouvemens

mens que je viens de raporter, qu'un arbre pour pousser des feuilles & des fleurs au printems avec un artifice incomparable, pour produire des fruits en esté ou en automne, qui continuent pour la pluspart en abregé & en raccourci tout l'arbre dont ils sont sortis, & pour se reposer enfin tout l'hiver comme dans un long sommeil, afin de reprendre des forces & de la vigueur, pour recommencer leur travail au printemps suivant.

Il n'est pas non plus necessaire d'avoir recours à quelque connoissance pour expliquer les differens emplois que les abeilles partagent entre elles. Les plus vielles ont soing du dedans de la maison, parce que la foiblesse de l'age faisant que les esprits & le sang, ou quelque chose qui en tient la place, manquant de chaleur ne les porte plus à sortir de leurs ruches pour aller à la provision, mais au contraire cette disposition les rend propres à bâtir léurs cellules, ainsi que le printemps dispose les arbres à pousser les fleurs l'Esté & l'Automne des fruits, & l'hyver à se reposer.

Le ſoin qu'elles ont d'enſevelir les morts hors de leurs ruches provient de la mauvaiſe odeur qui en exhale, laquelle determine celles qui ſont en vie aux mouvemens neceſſaires pour cet effet à comme une plus grande ou une plus petite chaleur du Soleil oblige les fruits à meurir plûtôt ou plus tard, & il n'eſt pas beſoin pour cela de chercher dans les abeilles une cauſe differante de l'organiſation que l'auteur de la nature leur a donnée.

Cette ſage prévoyance & cette précaution merveilleuſe qu'elles ont de ne manger que tres-peu en hiver pour ne manquer jamais tout à fait d'alimens, vient de la rigueur de la ſaiſon qui diminuë le mouvement du ſang, bouche les pores du corps, & fait que la tranſpiration n'eſtant pas ſi grande, peu de choſe ſuffit pour reparer ce qui ſe diſſipe continuellement.

Mais quoy, cette juſtice qu'elles rendent ſi bien, cette oiſiveté punie ſi rigoureuſement, ces loix obſervées avec tant d'exactid'exactitude, tout cela ne part-il point de quelque intelligence ; tout cela part véritablement d'une intelligence ; mais qui eſt dans l'ouvrier & non pas dans l'ouvrage : les abeilles chaſſent les bourdons qui mangent ſans travailler, parce que ceux-cy ne leur reſſemblent point ; ſi bien que l'impreſſion qu'ils font ſur elles les portent au mouvement qu'il faut pour ce ſujet, de la même façon qu'un aimant en repouſſe un autre quand il luy eſt preſenté d'un certain côté. Les combats qu'elles ſe livrent, la mort qu'elles ſouffrent & l'ardeur qu'elles font paroître dans leur travail quand leur Roy les viſite, ces fonctions, dis-je, viennent à l'occaſion de deux mâles qui ſe rencontrent dans un eſſain ; car ſuivant leur different temperament ou la diverſité de leurs deux Roys, elles ſont excitées les unes à ſuivre celuy-cy, & les autres celuy-là, de la même maniere que nous voyons tous les jours entre les hommes les uns aymer une perſonne que les autres haïſſent ; ce qui ne part pas immediatement de l'ame, mais des inpreſſions differentes que la même perſonne fait dans deux cerveaux differemment diſpoſez.

Quand leur Roy fait viſite, la diſpoſition qu'il introduit dans leur cerveau fait couler des eſprits animaux avec plus d'abondance dans le cœur; de là vient que le ſang s'y échauffe davantage & communique enſuite plus de chaleur à toutes les parties, & c'eſt de là qu'elles témoignent plus d'ardeur pour lors, de la méme façon que nous experimentons que certains objets allument par leur preſence un feu dans noſtre cœur & excitent dans nous quelques mouvemens independans de nòtre volonté, comme il arrive dans toutes les paſſions.

D'abord que l'hyver aproche, les Hirondelles paſſent les mers, pour ſe garantir de la rigueur du froid, le retour enſuite de la belle ſaiſon les ramcine pour nous annoncer la venuë du printemps, & même elles ne manquent jamais de revenir dans la méme maiſon

& au même nid qu'elles avoient l'année precedante, pour n'être pas obligées de travailler sur nouveaux frais.

Tout cela, dira-t-on, prouve suffisamment qu'elles sentent venir l'hyver & qu'elles sçavent qu'il ne fait point de froid pour lors dans les païs où elles vont hyverner, comme aussi que la chaleur y est insupportable dans le printemps, au lieu qu'elle n'est pas de beaucoup prés si grande chez nous. Je vous avouë que si les hirondelles & les autres oyseaux de passage connoissent tout cela, ils sçavent fort bien le systeme du monde, la temperature de l'air dans les differens païs, & la disposition en particulier de la terre à l'égard des plantes. Disons donc que l'hiver commançant chez nous le changement qui arrive dans la chaleur de l'air cause une alteration notable dans les corps vivans, & elle est telle dans les hirondelles qu'elle les determine aux mouvemens necessaires pour passer la mer; de même que l'on introduit dans une montre en la montant, oblige l'ai-

 guille

guille à se mouvoir vingt-quatre heures par exemple & non pas davantage.

La chaleur devenant excessive dans les contrées où ces oyseaux sont allez, elle les monte, pour ainsi dire derechef, & les fait revenir précisement dans les lieux qu'ils avoient quittez l'année précedente plustost qu'ailleurs, parce que les esprits ont beaucoup plus de facilité à couler dans les nerfs & dans les muscles, dont le mouvement les y conduit, que nulle autre part par l'habitude que les hirondelles ont contractées d'aller vers ces endroits-là, de la même maniere que si nous avons accoûtumé d'aller souvent en quelque lieu à une certaine heure, nous n'avons qu'à nous determiner à prendre cette routte & faire le premier pas, aprés lequel, quoyque nous pensions à autre chose nous poursuivons pourtant & nous nous rendons au lieu que nous nous estions proposés en partant.

Que cette régularité si exacte des mouvemens que font les hirondelles & les

les autres animaux, ne nous obligent point à leur donner une ame pour les regler, puis que par la même raiſon il en faudroit donner une à la mer dont le flux & le reflux ſuivent ſi regulierement le paſſage de la lune ſous le meridien; il en faudroit donner une à un grain de moutarde & à toutes autres graines; car ſi on les plante à contreſens, les racines qui ſortent hors de la terre, ſe detournent & s'y enfoncent; & le germe qui s'eſtoit tourné vers la terre, ſe detourne auſſi pour en ſortir.

Il eſt vray que le mouvement des Bêtes marque une intelligence, mais ce qui ſe paſſe dans toutes les plantes en marque une auſſi: Une plante ſe noüe d'eſpace en eſpace pour ſe fortifier; elle couvre ſa graine d'une peau qui la conſerve; elle l'environne de piquans pour la defendre, cela ne ſe peut ſans intelligence: mais qui n'eſt point dans la matiere; mais ſeulement dans l'auteur de la nature qui en regle les mouvemens.

Il eſt

Il est impossible que le hazard regle le mouvement des planetes, il faut necessairement que ce soit une intelligence, infiniment sage, infiniment puissante & qui soit entierement séparée de la matiere qui compose ces corps celestes, & la même qui nous a formé dans le sein de nos meres, & qui nous donne l'accroissement auquel nous ne pouvons par tous les efforts de nôtre esprit & de nôtre volonté ajoûter une coudée. Le mouvement si reglè d'une montre marque une intelligence qui en a si adroitement disposé les roües & les ressors ; mais qui en est entierement separée. Ainsi dans les animaux il n'y a ny intelligence ny ame comme on l'entend ordinairement. Ils mangent sans plaisir, ils crient sans douleur, ils croissent sans le sçavoir, ils ne desirent rien, ils ne craignent rien, ils ne connoissent rien, & s'ils agissent avec adresse & d'une maniere qui marque intelligence c'est que Dieu les ayant fait pour les conserver, il a conformé leur corps de telle façon qu'ils évitent

évitent machinalement & ſans crainte ce qui eſt capable de les détruire, & qu'ils approchent ſans amour de ce qui peut contribuer à leur conſervation. Autrement il faudroit dire, qu'il y a plus d'intelligence dans le plus petit des animaux où même dans un ſeul grain de ſemence, que dans le plus ſpirituël des hommes; car il eſt conſtant qu'il y a plus de differentes parties & qu'il s'y produit plus de mouvemens reglez, que nous ne ſommes capables d'en connoître.

Il n'eſt point neceſſaire de ſortir de ce ſyſteme que je viens d'établir pour donner une explication claire & diſtincte de toutes les autres choſes les plus ſurprenantes que nous appercevons dans les animaux, ce ſeroit paſſer les bornes du temps de la conferance que je me ſuis preſcrit que de l'appliquer à d'autres exemples que ceux que j'ay rapportés. Ceux qui entendront bien ce que j'en ay dit pourront facilement en faire l'application.

Si l'on vient par aprés à comparer

nôtre

nôtre explication à celle des anciens Philosophes, la nôtre paroitra sans doute beaucoup plus raisonnable ; on n'appercevra dans celle-là qu'obscurité & confusion ; on n'y verra que de grands mots de categorematique, que des termes mysterieux d'especes expresses, impresses, intentionelles, de facultez &c. qui ne reveillent en nous aucune idée distincte & qui les satisfont cependant, estant appuyez sur le sentiment d'Aristote, dont la seule Autorité vaut mieux chez eux que toutes les demonstrations de Decartes. Ces Philosophes, dis-je, sont tellement accoutumez aux tenebres, qu'ils font même profession ouverte & declarée de vouloir les suivre, ensorte qu'un habile d'entre eux declare qu'il n'est point necessaire que les principes des choses soient clairs & évidans, que l'obscuritê même leur sied bien, & que la facilité des principes de Decartes, servoit à luy rendre cette Philosophie suspecte, *ipsa facilitate suspecti*, Condamnons, Messieurs des san-

ſantimens ſi ridicules, entrons dans des diſpoſitions plus raiſonnablesqui, ſont de n'accorder jamais nôtre conſentement, en fait de matiere de Philoſophie, qu'à ce qui nous paroîtra clair, evident & démonſtratif.

FIN.